Keller
**Psychologie
für den Schullalltag**

Verlag Hans Huber
**Programmbereich Psychologie
Sachbuch**

Wissenschaftlicher Beirat:
Prof. Dr. Dieter Frey, München
Prof. Dr. Lutz Jäncke, Zürich
Prof. Dr. Meinrad Perrez, Freiburg i. Ue.
Prof. Dr. Franz Petermann, Bremen
Prof. Dr. Hans Spada, Freiburg i. Br.

Gustav Keller

Psychologie für den Schulalltag

Prävention und Erste Hilfe

Verlag Hans Huber

Anschrift des Autors:
Dr. Gustav Keller
Eberhardtstraße 26/2
D-89073 Ulm
gustav.keller@t-online.de

Programmleitung: Tino Heeg
Lektorat: Lisa Binse, Rheda-Wiedenbrück
Herstellung: Daniel Berger
Umschlaggestaltung: Claude Borer, Basel
Druckvorstufe: Claudia Wild, Konstanz
Druck und buchbinderische Verarbeitung: AZ Druck und Datentechnik GmbH, Kempten
Printed in Germany

Bibliografische Information der Deutschen Nationalbibliothek
Die Deutsche Nationalbibliothek verzeichnet diese Publikation in der Deutschen Nationalbibliografie; detaillierte bibliografische Daten sind im Internet über http://dnb.d-nb.de abrufbar.

Dieses Werk, einschließlich aller seiner Teile, ist urheberrechtlich geschützt. Jede Verwertung außerhalb der engen Grenzen des Urheberrechtes ist ohne Zustimmung des Verlages unzulässig und strafbar. Das gilt insbesondere für Vervielfältigungen, Übersetzungen, Mikroverfilmungen sowie die Einspeicherung und Verarbeitung in elektronischen Systemen.
Die Wiedergabe von Gebrauchsnamen, Handelsnamen oder Warenbezeichnungen in diesem Werk berechtigt auch ohne besondere Kennzeichnung nicht zu der Annahme, dass solche Namen im Sinne der Warenzeichen-Markenschutz-Gesetzgebung als frei zu betrachten wären und daher von jedermann benutzt werden dürfen.

Anregungen und Zuschriften bitte an:
Verlag Hans Huber
Lektorat Psychologie
Länggass-Strasse 76
CH-3000 Bern 9
Tel: 0041 (0)31 300 4500
Fax: 0041 (0)31 300 4593
verlag@hanshuber.com
www.verlag-hanshuber.com

1. Auflage 2011
© 2012 by Verlag Hans Huber, Hogrefe AG, Bern
(E-Book-ISBN 978-3-456-94982-6)
ISBN 978-3-456-84982-9

Inhaltsverzeichnis

Einleitung 7

1. Erste pädagogisch-psychologische Hilfe 9

Aggression & Gewalt 10
Amok 16
Angstprobleme 20
Hochbegabtenprobleme 23
Konzentrations- und Aufmerksamkeitsstörungen 27
Lese-Rechtschreibschwäche 33
Missbrauch 37
Misshandlung 40
Motivationsstörungen 42
Rechenschwäche 49
Schulschwänzen 54
Selbstverletzendes Verhalten 57
Sitzenbleiben 59
Suchtgefährdung 62
Suizidgefährdung 65
Unterrichtsstörungen 68

2. Primäre pädagogisch-psychologische Prävention 79

Förderung des Lernverhaltens 79
- Mehrkanaliges Lernen 80
- Aktives Lesen 81
- Rechtshirniges Lernen 83
- Regelmäßiges Wiederholungslernen 84
- Systematisches Problemlösen 85
- Lernorganisation 86

- Konzentrationssteuerung 87
- Selbststeuerung 89
- Gemeinsames Förderprogramm 91
- Förderung des Sozialverhaltens 94
- Sozialer Verhaltenskodex 94
- Übertragung von Verantwortung 97
- Klassenrat 98
- Soziale Lernübungen 100
- Schüler-Streitschlichtung 102
- Gemeinsames Förderprogramm 104

3. Pädagogisch-psychologischer Werkzeugkasten 107

Allgemeine Problemberatung 107
Spezielle Lernberatung 112
Konfliktgespräche mit Schülern 117
Konfliktgespräche mit Eltern 121

4. Pädagogisch-psychologisches Hilfesystem 125

Beratungslehrer 125
Erziehungsberatung 126
Schulpsychologischer Dienst 127
Allgemeiner Sozialer Dienst 129

5. Pädagogisches Stressmanagement 131

Positives Denken 133
Zeitmanagement 135
Schreibtischmanagement 138
Systematische Entspannung 140
Planvolles Unterrichten 143
Seelisch-soziales Stützsystem 145
Der Stresstest für Lehrerinnen und Lehrer 146
Anti-Stress-Tipps für Lehrerinnen und Lehrer 148

6. Literaturverzeichnis 151

Einleitung

Es kann nun einmal keine Pädagogik ohne Psychologie existieren.

Heinrich Roth

In der ersten Hälfte des 20. Jahrhunderts wurden in Europa und in den USA die ersten Schulpsychologischen Dienste eingerichtet. Seither hat sich die Schulpsychologie im System Schule in vielen Ländern als unterstützender Service etabliert.

Schulpsychologische Beratungsangebote dürfen nicht so verstanden werden, als könnte und müsste die Schule möglichst viele Probleme an die Schulpsychologie delegieren. Täte sie dies, würden selbst in Ländern mit hervorragender schulpsychologischer Versorgung, wie zum Beispiel in Finnland, die Personalressourcen bei weitem nicht ausreichen.

Wenn im Schulalltag Probleme auftreten, ist zunächst einmal die Lehrperson gefordert, im Rahmen ihrer Möglichkeiten Erste Hilfe zu leisten. Diese individuelle Unterstützung kann bewirken, dass das Problem gemindert oder gar gelöst wird. Erweist sich das Problem als zu kompliziert, besteht die Hilfe darin, für die Lösung eine kompetente Fachperson oder Fachinstitution zu finden (vgl. Kap. 4). Darüber hinaus besteht immer auch die Chance, durch einen präventiv ausgerichteten Unterricht Probleme erst gar nicht entstehen zu lassen.

Um im Rahmen ihrer Erziehungs- und Unterrichtsarbeit helfend und vorbeugend tätig werden zu können, braucht die Lehrperson professionelles Know-how. Das hierfür notwendige Erklärungs- und Handlungswissen kann vor allem die Schulpsychologie liefern, weil sie in enger Tuchfühlung mit der Schule arbeitet und über viele praktische Erfahrungen verfügt. Zum Zwecke dieses Wissenstransfers habe ich «Psychologie für den Schulalltag» verfasst. Es ist ein Vademecum für die Lehrertasche, das auf vier Jahrzehnten schulpsychologischer Berufspraxis basiert. Auf jene Fragen, die sich im schulischen Problem- und

Konfliktfeld dem Pädagogen stellen, möchte es hilfreiche Antworten geben.

Der Leitfaden wird beschlossen mit Anregungen und Anleitungen zur Bewältigung von Lehrerstress. Denn Lehrertätigkeit, nimmt man sie ernst, ist seelische Schwerarbeit, die viel Kraft und Energie kostet.

Ihnen, liebe Leserinnen und Leser, wünsche ich viel Motivation, Konzentration und Gewinn bei der Lektüre meines Buches.

1 Erste pädagogisch-psychologische Hilfe

> Wehe dem Einzelnen, wenn er fällt und kein anderer da ist,
> ihm aufzuhelfen.
>
> Altes Testament

Der Entwicklungsweg vom Schulanfänger zum Schulabgänger ist lang und kompliziert. Auf dieser lebenswichtigen Wegstrecke geraten Schülerinnen und Schüler immer wieder in Problemsituationen. Vor dem Hintergrund epidemiologischer Studien kann davon ausgegangen werden, dass davon 20–25 Prozent der schulpflichtigen Kinder und Jugendlichen betroffen sind (Esser, 2008; Bos/Vaughn, 2011).

Daraus ergibt sich die Notwendigkeit, dass die Schule die Individualität der Schülerinnen und Schüler sorgsam in den Blick nimmt und sich trotz der primären Fürsorgepflicht der Eltern für die Entwicklung der Schülerinnen und Schüler mitverantwortlich fühlt. Denn nur so können Entwicklungsprobleme frühzeitig erkannt und durch Erste Hilfe sowie durch richtige Weiterverweisung wirksam bewältigt werden. Letzteres ist nur möglich, wenn sich jede Schule mit dem schulnahen psychosozialen Stützsystem (Kliniken, Ambulanzen, Beratungsstellen, Praxen) vernetzt (vgl. Kap. 4).

Wie sich Entwicklungsprobleme im Schulalter konkret äußern, welche Ursachen ihnen zugrunde liegen und welche Hilfe- und Fördermaßnahmen möglich sind, ist Inhalt der folgenden Teilkapitel.

Aggression & Gewalt

> Die Würde des Menschen ist unantastbar.
>
> Artikel 1 des Grundgesetzes

Gewalt in der Schule tritt unterschiedlich in Erscheinung. Am sichtbarsten ist die physische Gewalt. Diese äußert sich vor allem dadurch, dass man sich gegenseitig und absichtlich mit körperlicher Gewalt schädigt. Das Spektrum reicht von leichten Varianten (Schubsen, Treten), über das Verprügeln bis hin zu Attacken mit gefährlichen Gegenständen und Waffen. Als physische Gewalt wird auch bezeichnet, wenn Schüler Gegenstände von Mitschülern wegnehmen, beschädigen oder zerstören. Und schließlich zeigt sie sich in Form vandalistischer Handlungen gegen das Schuleigentum.

Nicht immer so sichtbar wie die physische ist die psychische Gewalt, die unter den Gewaltformen quantitativ am stärksten vertreten ist (Schubarth, 2010). Hierzu gehören Handlungen wie

- Hänseln
- Verspotten
- Beschimpfen
- Bloßstellen
- Beleidigen
- Belästigen
- Drohen
- Demütigen
- Diskriminieren
- Nötigen.

Wenn Gewalt ausgeübt wird, um Mitschüler oder eine Schülergruppe über einen längeren Zeitraum mit dem Ziel der Ausgrenzung zu schikanieren, spricht man von Mobbing – bisweilen auch von Bullying. Die schädigenden Handlungen geschehen sowohl psychisch als auch psychisch. Häufig werden sie von mehreren Schülerinnen und Schülern verübt.

Gemobbt wird nicht nur direkt, sondern auch mithilfe elektronischer Kommunikationsmittel. Für diese neue Gewaltform wurde der Begriff *Cybermobbing* geprägt. Eine besonders üble Variante ist das Happy Slapping (engl. lustiges Schlagen). Es läuft meist so ab, dass die Täter das Opfer schlagen oder sexuell nötigen und das Tatgeschehen mit einer Handy- oder Videokamera aufnehmen. Der Film wird danach per Internet oder Mobiltelefon verbreitet.

Wer als Kind oder Jugendlicher Opfer solcher Formen von Schülergewalt ist, tut sich schwer, sich Eltern oder Lehrpersonen anzuvertrauen. Hauptgrund hierfür ist die Angst, als Petzer etikettiert oder weiterer Gewalt ausgesetzt zu werden. Olweus (2006, S. 60 ff.) hat Warnzeichen definiert, an denen für Lehrpersonen und Eltern eine Opfersituation erkenntlich wird.

Aus den Daten der schulbezogenen Aggressions- und Gewaltforschung (Baier et al., 2009; Dollase, 2010; Schubarth 2010) lassen sich folgende Erkenntnisse ableiten:
- Der Anteil besonders gewaltaktiver Schülerinnen und Schüler beträgt 5–7 Prozent. Ähnlich groß ist der Anteil von Schülerinnen und Schülern, die immer wieder in die Opferrolle geraten.
- Mehr als die Hälfte der Gewalttäterinnen und Gewalttäter sind gleichzeitig Opfer und Täter.
- Die meisten Gewaltprobleme gibt es in der Altersgruppe der 12- bis 15-Jährigen bzw. in den Jahrgangsstufen 7–9. Der Kulminationspunkt ist die Jahrgangsstufe 8.
- Schulartenspezifisch betrachtet ist die Gewaltbelastung in der Förderschule am höchsten. Danach folgen die Hauptschule, die Berufsschule und die Realschule. Am geringsten belastet ist das Gymnasium.
- Physische Gewalt ereignet sich in der Förderschule (Schule für Erziehungshilfe) am häufigsten. Bezüglich der psychischen Gewalt gibt es zwischen den Schularten keine besonderen Unterschiede.
- Nicht nur zwischen den Schularten, sondern auch zwischen den einzelnen Schulen innerhalb einer Schulart variiert das Gewaltausmaß teilweise beträchtlich, was vor allem mit der Schulqualität und Schulkultur zusammenhängt.
- Jungen sind aggressiver und gewalttätiger als Mädchen. Besonders signifikant ist der Unterschied im Bereich der physischen Gewalt. Nicht so auffallend ist er bei der psychischen Gewalt, aber auch hier sind die Jungen gewaltbereiter.
- Schülerinnen und Schüler mit Leistungsproblemen tendieren verstärkt zu physischer und psychischer Gewalt.
- Der Pausenhof ist jener Ort, an dem Gewalthandlungen am häufigsten vorkommen.
- In Schulen, deren Einzugsgebiet ein sozialer Brennpunkt ist, steigt die Wahrscheinlichkeit von Schülergewalt.

- Schülerinnen und Schüler mit Migrationshintergrund sind dann gewaltbelasteter, wenn ihre Integration misslungen ist.
- Schulische Gewalttäterinnen und Gewalttäter fallen größtenteils auch außerhalb der Schulen durch antisoziales Verhalten auf.

Von einer epidemischen Gewaltzunahme kann nicht gesprochen werden, auch wenn dieser Eindruck in der Berichterstattung der Medien immer wieder erzeugt wird. Aus den empirischen Analysen geht eindeutig hervor, dass die große Mehrheit der Schülerinnen und Schüler friedfertig ist und Gewalt ablehnt. Ebenso augenfällig ist jedoch, dass bei einer Minderheit (5–10 Prozent) die Gewaltintensität angestiegen ist und das Gewaltverhalten sich immer mehr den Formen der Erwachsenenkriminalität annähert.

Aggressives und antisoziales Verhalten lässt sich kaum mit einem einzigen Ursachenfaktor erklären. Die kinder- und jugendpsychiatrischen Studien, die sozialwissenschaftlichen Befragungen und die schulpsychologischen Fallanalysen weisen auf ein sehr vielschichtiges Ursachenbild hin. Es ist zusammengesetzt aus entwicklungspsychologischen, familiären, schulischen und gesellschaftliche Faktoren, die in einem komplizierten Zusammenwirken das individuelle Problemverhalten erzeugen. Typische Ursachen sind:
- frühkindliche Entwicklungsverletzungen (Ablehnung, Misshandlung, Verstoßung)
- familiäre Erziehungsfehler (Inkonsequenz, Dissens, Laisser-faire)
- familiäre Zerrüttung/chronische Beziehungskriege
- entwicklungsbedingte Frustrationen (zum Beispiel Selbst- und Sinnfindungsprobleme)
- negative Gruppen- und Subkultureinflüsse
- Minderwertigkeitsgefühle aufgrund von Schulversagen
- schulische Erziehungs- und Kommunikationsfehler (pädagogischer Dissens, zu wenig Grenzziehung, Inkonsequenz, Kränkungen)
- reale Gewaltmodelle (gewalttätige Eltern, Geschwister, Freunde, Schulkameraden)
- mediale Gewaltmodelle (Fernsehfilme, Videofilme, Computerspiele)
- gesellschaftliche Faktoren (mangelnde berufliche Perspektiven, soziale Benachteiligung, Sündenbockdenken).

1. Erste pädagogisch-psychologische Hilfe 13

Wo durch aggressives und gewalttätiges Verhalten Grenzen gravierend verletzt werden, muss in Familie und Schule konsequent reagiert werden. *Konsequenz* beinhaltet in diesem Fall auch Strafen, wozu erzieherischer Mut erforderlich ist. Die Strafe muss dem Fehlverhalten angemessen sein. Sie sollte ihm unmittelbar folgen, sie darf die Würde der Person nicht verletzten und sie sollte nach dem Prinzip der natürlichen Konsequenzen gehandhabt werden. Letzteres bedeutet: Entzug von Belohnungen und Vergünstigungen, Wiedergutmachung von Schäden, Übernahme gemeinnütziger Aufgaben. Strafen sind auch zu begründen und zu erläutern. Dies fördert die Einsicht in den Sinn von Verhaltensregeln. Bei sehr schweren Vorfällen ist ein sofortiger Ausschluss notwendig. Es ist alles zu vermeiden, was bei den Tätern das Gefühl erzeugt, dass sie mit ihrem Fehlverhalten Erfolg haben.

Je häufiger Konsequenzen ausbleiben, desto stärker breiten sich in einer Schule Fehlverhaltensweisen aus und desto mehr wird Unrecht zum selbstdefinierten Recht. Konsequent sein setzt voraus, dass die Lehrpersonen im Schulgeschehen präsent sind.

Obwohl auf solche repressiven Maßnahmen zum Schutz der körperlichen und seelischen Unversehrtheit nicht verzichtet werden kann, muss die Schule ihr Hauptaugenmerk auf die Gewaltprävention legen. Und dies bedeutet letztlich eine systematische Förderung des Sozialverhaltens (vgl. Kap. 2) durch die Anwendung der von Olweus (2006) entwickelten *Anti-Mobbing-Strategien*:

Maßnahmen auf der Schulebene
- Ist-Analyse des Sozialverhaltens mithilfe einer Fragebogenuntersuchung
- pädagogischer Tag zur Entwicklung eines pädagogischen Konzepts gegen Mobbing
- Diskussion des Konzepts im Elternbeirat/Änderung und Ergänzung des Konzepts
- Schulkonferenz zur Beschlussfassung eines gemeinsamen Maßnahmenkatalogs
- Normverdeutlichung/unmissverständliche Botschaft an alle: «Wir dulden keine Gewalt!»
- Veränderung/Verstärkung der Pausenaufsicht
- Veränderung/Verstärkung der Busaufsicht

- Ausbildung und Einsatz von Schüler-Streit-Schlichtern
- Kummerkasten/Ansprechperson für tyrannisierte Schüler.

Maßnahmen auf der Klassenebene
- pädagogischer Konsens im Klassen-Lehrerteam
- Entwicklung sozialer Verhaltensregeln mit der Klasse (Klassenkodex)
- Behandlung des Gewaltproblems im Unterricht mit dem Ziel, das Mitgefühl für Opfer sowie die Hilfsbereitschaft zu fördern
- Rollenspiele zur Einübung prosozialer Verhaltensweisen
- Änderung des Begriffes «Petzen» (Recht auf Selbstschutz)
- Würdigung prosozialer Verhaltensweisen
- regelmäßige Klassengespräche/«Wetterberichte»
- häufigere Anwendung kooperativer Unterrichtsformen
- regelmäßiger Austausch Klassenlehrer-Klassenelternvertretung über das Sozialverhalten der Klasse
- Elternabend zum Thema «Mobbing»/Entwicklung eines Anti-Mobbing-Konzepts.

Gezielte Vorbeugung bewirkt eine Verminderung oder Verhinderung von Gewalt und Aggression (Schick, 2010; Schubarth, 2010). Die Wirkungschance ist umso größer, je früher die Präventionsarbeit einsetzt und je stärker sich die Schulakteure mit dem Präventionskonzept identifizieren.

Anti-Gewalt-Tipps für Schülerinnen und Schüler

1. Halte dich von gewaltbereiten Jugendlichen fern. Gehe nicht darauf ein, wenn sie dich provozieren.
2. Wirst du innerhalb oder außerhalb der Schule ernsthaft bedroht oder gar erpresst, sage dies deinen Lehrern, Eltern und Freunden.
3. Wenn du deinen Lehrern Drohungen und Gewalttaten mitteilst, so betrachte dies nicht als Petzen, sondern als notwendigen Selbstschutz.
4. Hast du Angst davor, mit jemandem über Drohungen und erlittene Gewalt zu sprechen, schreibe ihm einen Brief oder eine E-Mail.
5. Wirst du körperlich angegriffen, sprich andere direkt an oder rufe laut um Hilfe.
6. Ist niemand in der Nähe, versuche dich zu schützen bzw. zu verteidigen, schlage aber nicht brutal zurück.

7. Bist du Opfer von Gewalt geworden, so fordere zusammen mit deinen Eltern Klärung, Ahndung, Entschuldigung und gegebenenfalls Wiedergutmachung.
8. Verzichte darauf, dich zum Zweck der Selbstverteidigung zu bewaffnen.
9. Beteilige dich nicht am Mobben von Mitschülerinnen und Mitschülern. Empfinde es als deine menschliche Pflicht, ihnen zu helfen.
10. Überlege zusammen mit deinen Mitschülerinnen und Mitschülern, wie ihr Gewalt verhindern könnt. Bittet euren Klassenlehrer darum, die Vorbeugung von Gewalt zum Thema eines Klassengesprächs zu machen.

Mobbing-Warnzeichen (nach Olweus 2006):
Primäre Warnzeichen in der Schule
- Das Opfer wird gehänselt, lächerlich gemacht, eingeschüchtert, bedroht, unterdrückt.
- Das Opfer wird gestoßen, geschubst, getreten, geschlagen.
- Das Opfer wird in Streitigkeiten und Kämpfe verwickelt.
- Besitzgegenstände des Opfers werden weggenommen, beschädigt oder verstreut.
- Das Opfer hat Verletzungsmerkmale (zum Beispiel Prellungen, Schnitte) oder zerrissene Kleidungsstücke.

Sekundäre Warnzeichen in der Schule
- Das Opfer ist häufig allein und ausgeschlossen.
- Das Opfer wird bei Mannschaftsspielen zuletzt ausgewählt.
- Das Opfer sucht während der Pausen die Nähe von Lehrpersonen.
- Das Opfer ist sehr ängstlich.
- Das Opfer traut sich kaum, vor der Klasse etwas zu sagen.
- Das Opfer scheint hilflos und unglücklich.
- Die Schulleistungen fallen plötzlich oder allmählich ab.

Primäre Warnzeichen zu Hause
- Das Opfer kommt mit beschädigten Besitzgegenständen sowie zerrissenen oder unordentlichen Kleidern nach Hause.
- Das Opfer hat körperliche Verletzungen, für die es keine natürliche Erklärung gibt.

Sekundäre Warnzeichen zu Hause
- Das Opfer hat keine außerschulischen Kontakte mit Klassenkameraden oder anderen Gleichaltrigen.
- Das Opfer hat keinen Freund oder Freundin.
- Das Opfer ist sehr ängstlich.
- Das Opfer geht ungern zur Schule.
- Das Opfer hat morgens keinen Appetit.
- Das Opfer hat vor allem morgens häufig Kopf- und/oder Magenschmerzen.
- Das Opfer geht auf Umwegen zur Schule.
- Das Opfer schläft schlecht und hat Angstträume.
- Die Lernmotivation des Opfers fällt ab.
- Die Schulleistungen des Opfers verschlechtern sich.
- Das Opfer scheint hilflos und unglücklich.
- Das Opfer klaut auf Druck der Täter Geld.

Amok

> Die meisten Schul-Amokläufer hatten eine so schwache Ich-Identität, dass sie auf jedes Vorkommnis, das ihre Stabilität bedrohte, extrem reagierten.
>
> Peter Langman

Seit Beginn der 2000er Jahre ist weltweit eine Zunahme in Schulen verübter Amokläufe und schwerer Gewalttaten festzustellen. In Deutschland sieht die Chronologie dieser Ereignisse folgendermaßen aus:

16. März 2000: Weil er am Vortag von seinem Realschulinternat in Brannenburg (Bayern) verwiesen wurde, schießt ein 16-jähriger Schüler dem Heimleiter in den Kopf und fügt sich dann selbst schwere Verletzungen zu. Das 57-jährige Opfer der Straftat stirbt sechs Tage später.

19. Februar 2002: Ein mit zwei Pistolen, drei Rohrbomben und einer Handgranate bewaffneter 22-Jähriger tötet bei einem in Eching bei München begonnenen und in Freising fortgesetzten Amoklauf drei Menschen, darunter den Rektor seiner früheren Wirtschaftsschule.

26. April 2002: In einem Gymnasium in Erfurt (Thüringen) richtet ein Ex-Schüler ein beispielloses Blutbad an. Schwarz vermummt und schwer

1. Erste pädagogisch-psychologische Hilfe 17

bewaffnet zieht der 19-Jährige durch das Gebäude und erschießt 16 Menschen – acht Lehrerinnen, vier Lehrer, eine Schülerin, einen Schüler, die Sekretärin und einen Polizisten. Dann tötet er sich selbst.

2. Juli 2003: Ein 16-jähriger Realschüler schießt im fränkischen Coburg während des Unterrichts auf seine Klassenlehrerin und verletzt anschließend eine Schulpsychologin. Danach tötet sich der Jugendliche. Die 41 Jahre alte Lehrerin bleibt unverletzt.

20. November 2006: Mit Gewehren, Sprengfallen und Rauchbomben überfällt ein 18-Jähriger im westfälischen Emsdetten seine frühere Schule, verletzt 37 Menschen und erschießt sich danach.

11. März 2009: Ein 17-Jähriger erschießt an seiner ehemaligen Realschule in Winnenden zwölf Menschen (acht Schülerinnen, einen Schüler, drei Lehrerinnen) und in einem Industriegebiet in Wendlingen zwei Menschen. Anschließend tötet er sich selbst.

17. September 2009: Ein 18-jähriger Schüler des Gymnasiums Carolinum in Ansbach verletzt mit Brandbomben und Axthieben zehn Schüler und einen Lehrer, zwei davon schwer. Er wird von der Polizei durch Kugeln gestoppt und dabei schwer verletzt.

18. Februar 2010: Ein 23-Jähriger dringt in Ludwigshafen in seine ehemalige Berufschule ein und tötet einen Lehrer mit Messerstichen aus Rache für schlechte Noten. Ein internes Handy-Alarmsystem verhindert weitere Opfer.

Aus der Analyse der Amokereignisse geht hervor, dass die überwiegende Mehrheit der Täter dem männlichen Geschlecht angehört und ein Durchschnittsalter von knapp 16 Jahren aufweist (Robertz/Wickenhäuser, 2010). Des Weiteren fallen folgende Merkmale auf:
- persönliche Niederlage (zum Beispiel Schulversagen)
- Depressivität
- schwache soziale Bindung
- Affinität und Zugang zu Waffen.

Pro Schul-Amoklauf gab es durchschnittlich 1,3 Tote und 3,2 Verletzte. Opfer waren Lehrpersonen, Schülerinnen und Schüler sowie Schulpersonal. In den meisten Fällen tötete sich der Täter nach dem Ende der Tat selbst.

Amoktaten werden in den meisten Fällen längerfristig geplant und vorbereitet, sehr selten handelt es sich um eine Impulstat. Sie vollziehen sich in Form einer Schritt-für-Schritt-Entwicklung:

1. Misserfolg/Kränkung: Es wächst der Wunsch nach Rache.
2. Kompensation: Eine Rache-Idee entsteht.
3. Planung: Es wird ein Tatszenario entworfen.
4. Vorbereitung: Es wird ein Termin ins Auge gefasst, Tatwerkzeug beschafft, Transport organisiert.
5. Vorstoß: Es findet eine verdeckte oder offensive Annäherung an den Tatort statt.
6. Angriff: Die Tat wird ausgeführt.

Im Werdeprozess einer Amoktat gibt es *Warnzeichen*, die für die Früherkennung und Frühintervention genutzt werden können:
- sozialer Rückzug
- depressive Äußerungen
- Beschäftigung mit Waffen
- martialische Kleidung
- übermäßiger Gewaltmedienkonsum
- Gewaltfantasien in Aufsätzen und Zeichnungen.

Zusätzlich zu diesen ersten Warnzeichen findet häufig ein «Leaking» (engl. = durchsickern, leckschlagen) statt. Konkret bedeutet dies, dass die geplante Tat angedeutet wird. Und zwar durch deutliche Drohungen im direkten Gespräch, in Graffitis, in E-Mails oder in Chatroom-Mitteilungen.

Wenn die Warnzeichen noch sehr diffus sind und hauptsächlich auf eine seelische Notlage hindeuten, ist ein vom Klassenlehrer oder Beratungslehrer durchgeführtes Gespräch der erste Schritt. Man erkundigt sich mit Fingerspitzengefühl nach dem Befinden des Schülers. Signalisiert er seelische Nöte, sollten der Schüler und seine Eltern zur Konsultation einer psychologischen oder medizinischen Fachkraft motiviert werden. Wichtig ist, zu einem späteren Zeitpunkt nachzufragen, ob diese auch tatsächlich erfolgt ist.

Liegen Hinweise vor, aus denen eine konkrete und substanzielle Drohung hervorgeht, muss die Polizei informiert werden. Diese nimmt eine Gefährderansprache vor mit dem Ziel einer fundierten Gefährdungsanalyse und Gefährdungsbewertung. Bestätigt sich der Verdacht einer Tatplanung, wird die Polizei alles unternehmen, um die Sicherheit der Schüler und Lehrer zu gewährleisten.

Weil eine Amoktat nie ganz verhindert werden kann, muss sich eine Schule auf den schlimmsten Fall einstellen. Um in einer solchen Extremsituation handlungsfähig zu sein, bedarf es eines Notfallplans und eines gut funktionierenden Krisenteams. Alle Akteure müssen wissen, was zu tun ist und wie schnellstmöglich Hilfe angefordert werden kann. Soweit die Gefahrenlage es erlaubt, gehört zum Krisenmanagement auch die Unterstützung der Polizei und der Rettungskräfte.

Sobald der Polizei- und Rettungseinsatz beendet ist, beginnt die Organisation der ersten seelischen Hilfe. Hierfür stehen sowohl Notfallseelsorger als auch Schulpsychologen zur Verfügung. Hauptaufgabe der Schulpsychologen ist es vor allem, mit den betroffenen Schulklassen sowie einzelnen Schülerinnen und Schülern Nachsorgegespräche zu führen und auch abzuklären, wer einer zusätzlichen psychotraumatologischen Behandlung bedarf.

Bei schwerstgradigen Amokläufen wie denen in Erfurt und Winnenden dauert es Jahre, bis die individuelle und kollektive Seelenlage wieder in eine relative Balance zurückgekehrt ist.

Tipps zur schulischen Amokprävention

- Gehen Sie davon aus, dass in den meisten Fällen ein Amoklauf keine spontane Tat ist, sondern das Ergebnis einer längeren Handlungskette, die präventiv gestoppt werden kann.
- Beobachten Sie aufmerksam das Verhalten Ihrer Schülerinnen und Schüler. Tauschen Sie mit Ihren Kolleginnen und Kollegen Ihre Wahrnehmungen aus.
- Bewerten Sie es als ernst, wenn Schülerinnen und Schüler in Aufsätzen und Zeichnungen Gewaltfantasien äußern oder Gewalttaten und Gewalttäter verherrlichen.
- Achten Sie auf Schülerinnen und Schüler, die sich zurückziehen, in sich gekehrt sind und in psychischen Sackgassen stecken. Sprechen Sie diese an und erkundigen Sie sich einfühlsam nach Ihrem Befinden.
- Wird im Gespräch eine seelische Notlage deutlich, bieten Sie dem Schüler an, ihn bei der Suche nach Beratung und Therapie zu unterstützen. Beziehen Sie in die Hilfsaktion seine Eltern ein.
- Kümmern Sie sich um Schülerinnen und Schüler, die momentan offensichtlich gemobbt werden. Ziehen Sie den Mobbern klare und unmissverständliche Grenzen. Lassen Sie sich dabei von der Schulleitung unterstützen.
- Veranlassen Sie ein Konfliktgespräch, zu dem der Mobber zusammen mit seinen Eltern eingeladen wird. Schließen Sie einen Anti-Mobbing-Kontrakt

> mit der Unterschrift der Beteiligten, dessen Einhaltung konsequent kontrolliert wird.
> - Machen Sie Ihren Schülerinnen und Schülern klar, dass jede Mitteilung, die zur Verhinderung einer schweren Gewalttat führt, unbedingte Pflicht und auf keinen Fall eine «Petze» ist.
> - Sorgen Sie dafür, dass Schülerinnen und Schüler, die aufgrund der Versetzungsordnung oder wegen Normverletzungen die Schule verlassen müssen, eine Alternative finden. Es besteht ansonsten die Gefahr, dass ein nicht mehr kontrollierbares Rachepotenzial entsteht.

Angstprobleme

Man schafft die Angst nicht ab. Denn die Angst ist existenziell und kann nicht verhindert werden.

Paul Tillich

Angst ist ein emotional unangenehmer Zustand. Wenn jemand Angst hat, äußert sich diese aber nicht nur emotional, sondern auch kognitiv (Angstvorstellungen), körperlich (Zittern, Schwitzen, Übelkeit) und verhaltensmäßig (zum Beispiel Vermeidung Angst auslösender Situationen). Angst kann zum einen Ausdruck eines überdauernden Persönlichkeitsmerkmals sein, das man als Ängstlichkeit bezeichnet (Woolfolk, 2008). Zum anderen gibt es auch die Angst als eine kurzzeitige, vorübergehende Reaktion in einer Gefahrensituation.

Nach Auffassung der klassischen Lerntheorie sind viele Angstreaktionen erlernt, und zwar durch Konditionierungsvorgänge. Wird ein Kind in der ersten Schulwoche von einem Mitschüler geschlagen (unkonditionierter Reiz), kann es sein, dass bisher neutrale Reize (Schulklasse, Lehrer, Schulgebäude) mit dem ursprünglichen Ereignis assoziiert werden und ebenfalls Angstreaktionen auslösen, sodass schließlich eine allgemeine Schulangst entsteht. Wenn die familiäre Umwelt die Meidung des Angstobjekts «Schule» unterstützt, indem sie beispielsweise laufend Entschuldigungen schreibt (operante Konditionierung), ist das Reiz-Reaktions-Muster perfekt.

Für die kognitive Lerntheorie spielen im Prozess des Angst-Lernens auch Wahrnehmungen, Bewertungen und Einstellungen eine bedeutsame Rolle. So kann die erworbene Einstellung, dass Prüfungen immer schlimm sind, dazu führen, dass vor und während der Klassenarbeit Angst entsteht. Häufig ist es so, dass solche Angst erzeugenden Kognitionen durch Modell-Lernen oder Indoktrination von familiären oder sonstigen Bezugspersonen übernommen werden.

Wenn jemand Angst empfindet, heißt dies noch nicht, dass ein Angstproblem im klinisch-psychologischen Sinne vorliegt. Angst kann von lebenserhaltender Bedeutung sein, indem sie uns vor Gefahren schützt. Und sie wirkt auch, bei mittlerem Ausmaß, im Leistungsbereich aktivierend (Rost/Schermer, 2010). Dies ist zum Beispiel der Fall, wenn ein Schüler, der wochenlang nichts mehr für ein Fach gelernt hat, sich angesichts der bevorstehenden Klassenarbeit motiviert fühlt, endlich mit der Vorbereitung zu beginnen. Leistungsmindernd wird die Angst erst dann, wenn ihre Intensität stark zunimmt oder wenn sie von Lehrpersonen und Eltern gezielt als Erziehungsmittel eingesetzt wird.

Systematisches Angstmachen schadet vor allem jenen Schülerinnen und Schülern, die ängstlich sind. Sie haben ein negatives Selbstbild von der eigenen Leistungsfähigkeit und zeigen in Leistungssituationen Stressreaktionen. Dadurch bleiben sie in vielen Schulfächern unter dem Niveau, das sie aufgrund ihrer Begabung eigentlich erreichen müssten.

Bei einem Teil der ängstlichen Schülerinnen und Schüler kann sich eine Angststörung im klinischen Sinn entwickeln. Etwa 10 Prozent der Schülerinnen und Schüler sind davon betroffen (Mattejat et al., 2008). Dabei ist zu beachten, dass Mädchen für Angststörungen anfälliger sind als Jungen.

Wenn sich bei einem Schüler eine hochgradige Angststörung mit starker Schulangst und übermäßiger Leistungsbeeinträchtigung zeigt, kann das Problem nur durch eine psychotherapeutische Behandlung gelöst werden. Erste Anlaufstelle ist der Schulpsychologische Dienst, der prüft, ob er mit eigenen Ressourcen helfen kann oder eine Weiterverweisung an eine externe Fachperson oder klinische Institution vornehmen muss.

Vielen Angstentwicklungen kann die Schule durch Prävention entgegenwirken, indem
- sie gezieltes Angstmachen unterlässt
- Schülerinnen und Schüler in Misserfolgssituationen ermutigt
- für Erfolgsgelegenheiten sorgt
- Lernstoff verständlich darbietet
- Strategien der Angstbewältigung und Prüfungsvorbereitung vermittelt

- im Vorfeld von Klassenarbeiten und Prüfungen Probetests zur Selbstkontrolle anbietet
- Mobbing-Opfern wirksame Hilfe gewährt.

Das Elternhaus kann Angstprobleme verhindern helfen, indem es ein emotional warmes Familienklima schafft und darauf verzichtet, Angst als Erziehungs- und Motivierungsmittel zu benutzen. Darüber hinaus sei allen Eltern geraten, Kinder und Jugendliche in Versagenssituationen nicht zu verdammen und zu bestrafen, sondern zu ermutigen und emotional zu unterstützen. Und nicht zuletzt beugen Eltern Angststörungen vor, wenn sie ihre Kinder nicht überfordern und Leistungserwartungen realistisch setzen.

Tipps zur Angstbewältigung für Schülerinnen und Schüler

- Trage Klassenarbeits- und Prüfungstermine in einen Terminkalender ein.
- Ordne deine Vorbereitungsunterlagen und plane die Vorbereitungszeit.
- Fange rechtzeitig mit der Vorbereitung an.
- Erarbeite den Prüfungsstoff gründlich. Benutze vor allem schriftliche Lernwege. Stelle spickzettelartige Übersichten her.
- Lege während des Lernens regelmäßig Entspannungspausen ein, um Lernblockaden zu vermeiden.
- Kontrolliere das Gelernte durch das Lösen prüfungsähnlicher Aufgaben.
- Lerne kurz vor der Prüfung keinen neuen Stoff, sondern wiederhole nochmals den alten.
- Halte dich vor der Prüfung von «Angstmachern» fern.
- Beruhige dich immer wieder selbst. Sage zu dir: «Ich habe mich gut vorbereitet. Auch wenn ich nicht alles weiß, so weiß ich eine ganze Menge. Dass nur unbekannter Stoff drankommt, ist ausgeschlossen.»
- Überlege deine Antworten und Lösungen in Ruhe. Gelingt dir eine Lösung nicht sofort, gehe zwischenzeitlich zu einer anderen Aufgabe über.
- Atme bei aufkommender Angst tief ein und aus oder balle circa 10 Sekunden die Fäuste. Das beruhigt.

Hochbegabtenprobleme

Es ist schwierig, hochbegabte Schüler zu erkennen, und sie angemessen zu unterrichten, ist noch herausfordernder.

Anita Woolfolk

Hochbegabung ist eine Disposition für außergewöhnliche Leistungen. Sie kann sich im sprachlichen, mathematisch-naturwissenschaftlichen, musischen, motorischen und sozialen Bereich zeigen. Es gibt Hochbegabte mit exzellenten Leistungen in mehreren dieser Fähigkeitsbereiche, die sogenannten Multitalente, und es gibt Hochbegabte, die nur in einem Bereich herausragen, die sogenannten Monotalente.

Hochbegabung bedeutet noch nicht, dass sie sich tatsächlich auch in exzellenten Leistungen niederschlägt. Damit sich Hochbegabung in Hochleistung umsetzt, bedarf es der Kreativität, der Motivation und einer günstigen Umwelt (Renzulli/Reis, 2004). Erst wenn sich diese Komponenten miteinander optimal verzahnen, werden Hochleistungen sehr wahrscheinlich.

Fast alle Experten halten eine frühe Identifikation von Hochbegabung für notwendig, weil nur so die Begabungsentfaltung optimal gefördert werden kann. Es ist allerdings nicht leicht, eine so komplexe Fähigkeitsstruktur zu diagnostizieren. Diese lässt sich umso besser erkennen, je mehr Merkmale erhoben werden: Intelligenz, Kreativität, Entwicklung, Schulleistungen, außerschulische Leistungen. Stützt sich die Diagnose nur auf ein Kriterium, wächst die Wahrscheinlichkeit von Identifikationsfehlern. Erfolgt die Identifikation beispielsweise nur aufgrund der Schulleistungen, werden 50 Prozent der Hochbegabten nicht erkannt (Heller, 2001). Besonders unterschätzt wird die Hochbegabung der «Underachiever» (Rost/Buch, 2010). Das sind Schülerinnen und Schüler, die aufgrund verschiedener Defizite (zum Beispiel Motivationsmangel) leistungsmäßig weit unterhalb ihres Intelligenzniveaus bleiben.

Die *Hochbegabtenidentifikation* beginnt meist in der Schule, wenn ein Kind durch rasche Auffassungsgabe, sehr gute Schulleistungen, originelle Ideen und Produkte, überdurchschnittliche Merkfähigkeit oder großen Wissensdurst auffällt. Solche Indikatoren decken sich nicht selten mit den Entwicklungs- und Verhaltensbeobachtungen der Eltern. Wird im weiteren Verlauf der Identifikation ein Intelligenztest durchgeführt, liegt im streng psychometrischen Sinne eine Hochbegabung dann vor, wenn der Proband einen IQ von mindestens 130 bzw. einen Prozentrang von mindestens 98 erreicht. Lässt sich eine von Schule und Elternhaus vermutete Hochbegabung testdiagnostisch nicht bestätigen, kann dies zum einen daran liegen, dass das intellektuelle Potenzial doch nicht so hervorragend ist. Zum anderen könnte die Diskrepanz auch daher rühren, dass eine Prüfungsängstlichkeit vorliegt und deshalb die Hochbegabung nicht in exzellente Testleistungen umgesetzt werden kann. Um solche Ergebnisverfälschungen zu vermeiden, sollte die persönliche Eigenart des Probanden dem Diagnostiker vor der Testuntersuchung mitgeteilt werden. Dieser kann dann angstreduzierende Maßnahmen durchführen.

Aus der Befragung von Eltern hochbegabter Schülerinnen und Schüler geht hervor, dass erste Anzeichen der Hochbegabung schon recht früh in Erscheinung treten können. Hierzu gehören eine frühreife Entwicklung der Motorik und des Sprechens, ein außergewöhnliches Gedächtnis, ein hervorragendes Kombinationsvermögen, verblüffende Leistungen bei Konstruktionsspielen und viel Wissbegierde. Des Weiteren wird auch berichtet, dass sich hochbegabte Kinder schon vor dem Schuleintritt das Lesen, Schreiben oder Rechnen selbst beibringen.

Die akzelerierte geistige Entwicklung setzt sich im Grundschulalter meist fort. Und die Hochbegabung kommt oft noch deutlicher zum Ausdruck. Sei es, dass das hochbegabte Kind ein außergewöhnliches sprachliches Ausdrucksvermögen zeigt. Sei es, dass es mit acht Jahren schon mühelos abstrahieren kann. Darüber hinaus fallen dem Grundschullehrer auf: ein starkes Unabhängigkeitsbedürfnis, vielfältige oder besondere Interessen, ein überdurchschnittliches Konzentrationsvermögen und originelle Denkleistungen.

Die weitere Begabungsentwicklung kann durch verschiedene Störfaktoren beeinträchtigt werden. An erster Stelle ist das Unterforderungsproblem zu nennen. Es tritt auf, wenn die Schule die Hochbegabung des Schülers nicht erkennt oder nicht ernst nimmt und es versäumt, dieser durch Fördermaßnahmen gerecht zu werden. Folge davon ist dann nicht selten, dass das hochbegabte Kind den Unterricht als schmerzhaft langweilig erlebt und über kurz oder lang verhaltensauffällig wird.

Problematisch wird es auch, wenn Schülerinnen und Schüler wegen ihrer außergewöhnlichen Leistungen sowie ganz andersartiger Interessen in soziale Isolation geraten. Dies kann sowohl in der eigenen Familie als auch in der Schulklasse passieren. Verschärft wird das Problem oft dadurch, dass Eltern oder Lehrer den Hochbegabten bevorzugen oder über die Maßen loben, was auf Seiten der Geschwister oder Klassenkameraden Neidgefühle und Aggressionen hervorruft. Am Ende eines solchen Isolationsprozesses steht dann nicht selten der kauzige, anpassungsunfähige Außenseiter.

Problemverursachend verhalten sich auch überehrgeizige Eltern, wenn sie ihr Kind zu Spitzenleistungen antreiben, rigide Leistungskontrollen durchführen oder die Freizeit zu stark einschränken.

Immer wieder werden dem Schulpsychologischen Dienst hochbegabte Schulversagerinnen und Schulversager vorgestellt. Hauptursache hierfür ist, dass sie ihre Hochbegabung wegen eines mangelhaften Lern- und Arbeitsverhaltens nicht in bessere Schulleistungen umsetzen konnten. Viele dieser Schülerinnen und Schüler haben die ersten Schuljahre aufgrund ihres überdurchschnittlichen Auffassungs- und Denkvermögens ohne größeren Lernaufwand bewältigt. In der weiterführenden Schule, wo der Wissenserwerb in immer stärkerem Maße von einer effektiven Lern- und Arbeitsstrategie abhängt, geraten sie dann in Leistungskrisen, weil sie das Lernen nicht gelernt haben.

Probleme können auch dadurch entstehen, dass die hoch beschleunigte Intelligenzentwicklung und das übrige persönliche Wachstum auseinander klaffen. Diese Asynchronie zwischen der geistigen und sozialemotionalen Entwicklung ist besonders häufig bei extrem Hochbegabten zu beobachten. Wenn der Geist der Seele zu weit vorauseilt, können daraus sowohl soziale Anpassungsstörungen als auch emotionale Störungen resultieren.

Vielen Hochbegabtenproblemen kann durch Fördermaßnahmen wirksam vorgebeugt werden. Dabei wird zwischen Enrichment (= Anreicherung) und Akzeleration (= Beschleunigung) unterschieden. Beispiele für anreichernde Maßnahmen sind individuell zugeschnittene Extra-Aufgaben, projektähnliche Langzeitaufgaben, Vermittlung von Lern- und Denkstrategien, Teilnahme an Arbeitsgemeinschaften, Anregung zur Wissensaneignung (Bücher, Experimentierkasten), Besuch einer Kinderakademie oder Teilnahme an besonderen Wettbewerben (zum Beispiel Jugend forscht). Zu den akzelerierenden Maßnahmen zählen die vorzeitige Einschulung, Teilunterricht in höheren Klassen, das Überspringen sowie der Besuch von Hochbegabtenzügen oder Hochbegabtenschulen.

Tipps zur schulischen Hochbegabtenförderung

- Hochbegabte benötigen wie andere Schülerinnen und Schüler gezielte Motivierung. Das heißt nicht, dass man die Hochbegabten in den Mittelpunkt der Klasse stellt, aber ihnen Lob, Wertschätzung und Anerkennung zuteil werden lässt.
- Die Motivation hochbegabter Schülerinnen und Schüler wird immer wieder durch Unterforderung und Monotoniestress blockiert. Um ihr Neugier- und Aktivitätsbedürfnis zu befriedigen, brauchen sie Spezialaufgaben, Anreize und Impulse.
- Hochbegabte wissen häufig nicht, wie sie ihr Begabungspotenzial in adäquate Schulleistungen umsetzen können. Deshalb sollen sie allgemeine und fachbezogene Lernstrategien vermittelt bekommen, und zwar in enger Anlehnung an den Unterrichtsstoff.
- Damit Hochbegabte nicht zu kauzigen Außenseitern werden, sollten sie zur Übernahme helfender und gemeinschaftsbezogener Aufgaben ermuntert werden. Hochbegabte kann man sowohl als Lernhelfer wie auch als Organisatoren einsetzen.
- Hochbegabte benötigen stetige Impulse zur Erkenntnissuche und Wissensaufnahme. Sei es, dass man ihnen bei der Suche nach Literatur und Wissensquellen behilflich ist. Sei es, dass sie spezielle Lerngelegenheiten erhalten.
- Zur Ausschöpfung des kreativen Potenzials kann die gezielte Vermittlung von Denk- und Kreativitätstechniken nützlich sein. Solche Förderphasen kommen nicht nur den Hochbegabten, sondern auch allen anderen Schülerinnen und Schülern zugute.
- Wenn bestimmte Lern- und Prüfungsaufgaben mehrere Lösungen ermöglichen, wäre es sehr schädlich, nur auf einem Lösungsmuster zu bestehen und andere als unbrauchbar und umständlich abzutun. Die Tatsache, dass Probleme aus verschiedenen Perspektiven gesehen und bewältigt werden können, muss konstruktiv gesehen und kommentiert werden.
- Es kommt durchaus vor, dass Hochbegabte die geistige Auseinandersetzung mit der Lehrperson suchen oder auch den Unterricht durch unkonventionelle Ideen beleben möchten. Es wäre falsch, dieses Verhalten gleich als Provokation oder Aggression zu bewerten. Auf interessante Ideen sollte man eingehen und sie in den Unterricht integrieren.
- Hochbegabte eilen bezüglich ihrer Auffassungsgeschwindigkeit und Ideenproduktion der Klasse weit voraus, was Spannungen erzeugen kann. Diese sollten aber nicht so gelöst werden, dass sie auf das Normalmaß der Klasse zurückgestutzt werden. Es sollte vielmehr überlegt werden, wie dieses besondere Begabungspotenzial optimal gefördert werden kann.

Konzentrations- und Aufmerksamkeitsstörungen

Niemand macht zwei Dinge zugleich gut.

Alfred de Musset

Konzentration ist die Fähigkeit, einem Lernstoff eine Zeitlang ungeteilte Aufmerksamkeit zu schenken. Beim Konzentrieren wird die Aufmerksamkeit auf einen eng umgrenzten Bereich des Wahrnehmungs- und Bewusstseinsfeldes gelenkt. Reize und Vorstellungen, die außerhalb dieses Feldes liegen, werden weitgehend ausgeblendet. Die willentliche Konzentrationssteuerung bildet sich erst im Lauf der Entwicklung aus. Jüngere Kinder tendieren dazu, sich von äußeren und inneren Reizen steuern und lenken zu lassen. Diese unwillkürliche Form der Konzentration wird dann immer mehr abgebaut, und zwar zugunsten einer selbstgesteuerten und zielgerichteten Konzentrationsfähigkeit.

Die Konzentrationsspanne wächst in kleinen Schritten. In der ersten Klasse beträgt sie durchschnittlich 15 Minuten, in den Klassen 2–4 durchschnittlich 20 Minuten, in den Klassen 5–6 durchschnittlich 25 Minuten. Auch im Jugendalter entwickelt sie sich nur langsam weiter. In den Klassen 7–10 beträgt sie durchschnittlich 30 Minuten. Erst in der Sekundarstufe II nähert sie sich dem Durchschnittswert der Erwachsenen (45 Minuten).

Bei nicht wenigen Schülerinnen und Schülern ist die Konzentrations- und Aufmerksamkeitsentwicklung beeinträchtigt. Konzentrationsstörungen zählen zu den häufigsten schulischen und häuslichen Lernproblemen. Obwohl das Schwinden der schulischen Konzentrationsfähigkeit unbestritten ist, sollte mit dem Begriff «Konzentrationsstörung» vorsichtig umgegangen werden.

Die Ursachenanalyse einer Konzentrationsstörung ist kompliziert und bedarf fundierter diagnostischer Kenntnisse. Betrachtet man den momentanen Kenntnisstand, so können bei Konzentrationsstörungen folgende Ursachen in Frage kommen, die entweder einzeln oder kombiniert das Symptom erzeugen:
- neurobiologische Störung (zum Beispiel Aufmerksamkeits-Defizit-Syndrom ADS)
- mangelndes Funktionstraining (sich zu konzentrieren wurde nicht gelernt)

- Reizüberflutung (zum Beispiel übertriebener Medienkonsum)
- geistige Über- oder Unterforderung
- Unterrichtsfehler (zum Beispiel zu wenig Form- und Inhaltswechsel)
- Lernfehler (zum Beispiel ablenkende Reize am häuslichen Lernplatz, einkanaliger Lernstil)
- Motivations- und Interessenmangel
- sozial-emotionale Störungen (zum Beispiel aufgrund akuter Familienprobleme).

Als schwerwiegendste Ursache erweist sich die neurobiologische Störung, die in Form des Aufmerksamkeits-Defizit-Syndroms (ADS) in Erscheinung treten kann. Es handelt sich um eine genetisch bedingte Störung der Aufmerksamkeit, die Krankheitswert besitzt (Steinhausen et al., 2009). Sie basiert auf einer biochemischen Funktionsstörung im Bereich der Informationsverarbeitung zwischen den einzelnen Gehirnabschnitten. Man nimmt an, dass die für den Signaltransport im Gehirn verantwortlichen Neurotransmitter (Überträgerstoffe) nicht optimal wirken. Die Funktionsstörung tritt vor allem in Gehirnregionen auf, die für die Aufnahme und Verarbeitung von Sinneseindrücken, für die Aufmerksamkeits- und Konzentrationssteuerung sowie für die Handlungsplanung zuständig sind, und zwar im Frontalhirn und in den Stammganglien. Das Aufmerksamkeits-Defizit-Syndrom, wovon Jungen deutlich häufiger betroffen sind, tritt in drei verschiedenen Formen in Erscheinung:
1. Aufmerksamkeitsstörung mit Hyperaktivität/Impulsivität (ADHS)
2. Aufmerksamkeitsstörung ohne Hyperaktivität
3. Hyperaktivität/Impulsivität ohne Aufmerksamkeitsstörung.

Man geht davon aus, dass etwa 3–6 Prozent der Schülerinnen und Schüler an ADS leiden.

Deuten die schulischen Beobachtungen und die ersten diagnostischen Erkenntnisse (zum Beispiel des Schulpsychologen) darauf hin, dass eine ausgeprägte Aufmerksamkeitsstörung mit Hyperaktivität (ADHS) vorliegt, sollten die Eltern zu einer medizinischen Konsultation motiviert werden. In Frage kommen sowohl ambulant praktizierende Spezialisten (Facharzt für Kinder- und Jugendpsychiatrie, Kinderarzt) als auch klinische Einrichtungen (Kinder- und Jugendpsychiatrie, Kinderklinik). Wird die ADHS-Hypothese unter Ausschluss von anderen Störungen (zum

Beispiel Schilddrüsenüber- oder -unterfunktion) bestätigt, wird man die Störung meist durch eine Kombination von medikamentöser Basisbehandlung und zusätzlichen verhaltenstherapeutischen Maßnahmen angehen. Die behandelnden Fachpersonen sollten die Schule auch darüber informieren, wie sie die medizinisch-psychologische Therapie pädagogisch unterstützen kann. Um diese Kooperation zu ermöglichen, müssen die Eltern den Arzt beziehungsweise den Psychologen von der Schweigepflicht entbinden. Unter der Voraussetzung, dass dies tatsächlich auch erfolgt ist, ist ein regelmäßiger Austausch über die Situation des Kindes zu vereinbaren.

Darüber hinaus gibt es viele leicht- und mittelgradige Konzentrationsstörungen, die nicht neurobiologisch bedingt sind und durch schulische und häusliche Konzentrationsförderung abgebaut oder gar vorbeugend verhindert werden können. Manches Konzentrationsproblem kann schon dadurch gelöst werden, dass Schule und Elternhaus der altersbezogenen Konzentrationsspanne Rechnung tragen. Für den Unterricht bedeutet dies, dass er nach dem Rhythmus von Anspannung und Entspannung ablaufen muss. Und die Konsequenz für das häusliche Lernen sollte sein, dass immer mal wieder Pausen eingelegt werden.

Zusätzlich zu den natürlichen Pausen empfiehlt sich der systematische Einsatz von Entspannung. Mit *Entspannungsverfahren* erlangen die Schülerinnen und Schüler nicht nur das vegetative Gleichgewicht, sondern sie lernen auch das Ausblenden von inneren und äußeren Störreizen. Bevor der Lehrer sie anwendet, muss er sie selbst erlernen und sich auf den Einsatz sorgfältig vorbereiten. In Frage kommen folgende Verfahren:

- progressive Muskelentspannung nach Jacobson
- autogene Grundübungen
- mit autogenen Formeln unterlegte Geschichten
- Stille- und Meditationsübungen
- musikalische Entspannung
- Malen nach Musik
- Fantasiereisen
- Atementspannung
- Bewegungsübungen.

Das Konzentrationsniveau kann ebenso wirksam erhalten werden, wenn von Zeit zu Zeit der Lehr- und Lernweg sowie der Lernstoff gewechselt werden. Dies gilt sowohl für den Unterricht als auch für das individuelle Lernen. Form- und Inhaltswechsel bewirken im Gehirn eine konzentrationsfördernde Aktivierung. Nach einer intensiven verbalen Darbietungsphase (Hörunterricht) bedarf es eines Wechsels zum Handeln und Tun. Ist der Schüler zu Hause mit einem Lerntext beschäftigt, sollte er diesen nicht nur durchlesen, sondern auch Textauszüge anfertigen oder wichtige Textinhalte mündlich wiedergeben. Außerdem muss er bei der Reihenfolge der Hausaufgaben darauf achten, dass ähnliche Fächer nicht hintereinander gelernt werden.

Nicht minder wirksam ist die Reduzierung ablenkender Reize am schulischen und häuslichen Arbeitsplatz. Je überladener beispielsweise die Schreibfläche ist, desto schwieriger wird es, sich auf das Wesentliche zu konzentrieren.

Was die externe Aufmerksamkeitssteuerung bzw. die Unterrichtsführung im engeren Sinne betrifft, sind vonnöten: deutliche nonverbale Signale (zum Beispiel Ruhe-Gesten, Heben oder Senken der Stimme, Änderung der Sprechgeschwindigkeit), klare Appelle und Arbeitsaufträge, feste Regeln für lernintensive Phasen (nicht sprechen, nicht herumdrehen, nicht aufstehen) sowie Lob und Belohnung für positive Konzentrationsleistungen.

Für die impulsiven Kinder ist das Einüben von handlungssteuernden Selbstanweisungen zu empfehlen. Diese Methode ist vom amerikanischen Verhaltenstherapeuten Meichenbaum (2010) entwickelt und erfolgreich angewandt worden. Die Handlungssteuerung erwerben Kinder zunächst über offene Selbstanweisungen, die schrittweise verinnerlicht werden. Meichenbaums Training läuft in fünf Schritten ab:
1. Die Lehrperson löst laut, sich selbst anweisend eine Aufgabe.
2. Das Kind löst die Aufgabe nach Anweisung des Lehrers.
3. Das Kind löst die Aufgabe, indem es sich selbst laut anweist.
4. Das Kind löst die Aufgabe, indem es sich halblaut anweist.
5. Das Kind löst die Aufgabe, indem es sich innerlich, nicht mehr hörbar anweist.

Wagner (2001) hat Meichenbaums Modell weiterentwickelt. Kernstück sind acht Selbstanweisungen, die die Lehrperson bei Aufgabenlösungen an der Tafel vormacht und die dann von den Schülerinnen und Schülern nachvollzogen werden:

1. **Aufgabenanalyse:** Was ist genau zu tun? Ich sage es nochmals in eigenen Worten. Ich lasse nichts aus.
2. **Materialanalyse:** Was brauche ich? Womit fange ich an? Was habe ich schon? Ich mache mir einen Plan.
3. **Zielanalyse:** Wo will ich hin? Wie kann ich das erreichen? Auf was kann ich verzichten?
4. **Konfliktanalyse:** Warum komme ich nicht weiter? Was stört? Ich muss etwas anderes probieren.
5. **Formulierung von Teilzielen:** Was ist der nächste Schritt? Das andere kann ich auch schaffen. Bis jetzt ist alles richtig.
6. **Bewältigung von Frustrationen:** Fehler kann ich verbessern. Ich werde noch sorgfältiger arbeiten.
7. **Aufforderung zum Zeitlassen:** Ich mache eine kleine Pause. Es wird richtig. Ich habe genug Zeit.
8. **Ergebnisbewertung/Selbstverstärkung:** Das habe ich gut gemacht. Ich hab's geschafft.

Die Konzentration lässt sich auch durch Funktionsübungen schulen, und zwar vor allem in der Grundschule. Das Funktionstrainingskonzept basiert auf der Annahme, dass die Konzentration ebenso wie körperliche Funktionen durch regelmäßige Beanspruchung gestärkt wird. Die gängigen Programme enthalten schwerpunktmäßig visuelle Übungen wie Zahlen-zu-Figuren-verbinden, Fehler suchen, Labyrinth-Reisen, Kodieraufgaben oder Bildvergleiche. Leider ist der Anteil akustischer Übungen gering, obwohl das genaue Zuhören eigentlich das Hauptproblem vieler konzentrationsgestörter Schülerinnen und Schüler ist. Trotz der Tatsache, dass Kinder Funktionsübungen als motivierend erleben, sei davor gewarnt, ein Förderkonzept einzig und allein daran auszurichten. Es ist sinnvoll, das Training mit anderen Fördermethoden zu kombinieren. Am Beispiel der Übungsaufgaben sollte man vor allem konzentrationsförderliche Herangehensweisen und Selbstanweisungen vermitteln.

Zur Behebung des erwähnten akustischen Konzentrationsdefizits sind das spannende Erzählen, das Vorlesen, 5-Minuten-Kopfrechnen sowie Gespräche im Stuhlkreis wirksamer als stofffremde Funktionsübungen. Der Grundschulunterricht muss dies noch häufiger als bisher praktizieren, da dieses natürliche Konzentrationstraining in der «Hauskultur» immer seltener stattfindet.

Des Weiteren muss überlegt werden, ob die einzelne Schule über genügend verlässliche Strukturen und Handlungsmuster verfügt. Ein verbindlicher sozialer Verhaltenskodex, Begrüßungs- und Abschiedsrituale, Feste und Feiern sowie regelmäßige Seelenpflege im Morgenkreis sind wichtige Orientierungs- und Haltepunkte im psychischen Energiefluss. Diese Erkenntnisse gelten sicherlich auch für das Familienleben. Eine Chance zur Vorbeugung liegt schließlich in der Elternarbeit. Die Eltern benötigen vor allem vorbeugende Tipps für die häusliche Lern- und Konzentrationsförderung. Hierzu tragen sowohl Elternabende als auch Elternbriefe bei.

Allgemeine Tipps zur unterrichtlichen Konzentrationsförderung

- Strukturieren Sie den Unterrichtsablauf gut.
- Erhalten Sie das Anspannungs-Entspannungs-Gleichgewicht durch regelmäßige Pausen und Entspannungsübungen aufrecht.
- Bauen Sie in die Stoffdarbietung Aufmerksamkeitsreize ein (zum Beispiel anschauliche Beispiele, provokative Fragen, humorvolle Bemerkungen).
- Wechseln Sie immer mal wieder die Unterrichtsform.
- Setzen Sie in der zweiten Stundenhälfte und im weiteren Verlauf des Unterrichtstages (vor allem nachmittags) schüleraktive Unterrichtsformen (zum Beispiel Freiarbeit, Partnerarbeit, Gruppenarbeit) verstärkt ein.
- Vermitteln Sie nicht zu lange denselben Stoff, sondern schieben Sie Kurzwiederholungen, Lernspiele und stoffunabhängige Gespräche dazwischen.
- Ermöglichen Sie den Schülerinnen und Schülern durch stoffunabhängige Funktionsübungen (zum Beispiel Zahlen zu Figuren verbinden, Labyrinthreisen) Spaß am konzentrierten Arbeiten.
- Üben Sie am Beispiel aktueller Problemlöseaufgaben (zum Beispiel Textaufgaben) Strategien des Schritt-für-Schritt-Lösens ein.
- Binden Sie möglichst viele Schülerinnen und Schüler in das Unterrichtsgeschehen ein.
- Loben Sie die Klasse für gute Konzentrationsleistungen.
- Gestalten Sie das Klassenzimmer so, dass Schüler nicht zu stark abgelenkt werden.

Materialien zur Konzentrationsförderung

Hippenstiel, C. M./Krautz, H.: Konzentrations-Trainingsprogramm I. Für das 1. und 2. Schuljahr. Dortmund: Verlag modernes Lernen 1999 (3. Aufl.).
Hippenstiel, C. M./Krautz, H.: Konzentrations-Trainingsprogramm II. Für das 3. und 4. Schuljahr. Dortmund: Verlag modernes Lernen 2000 (3. Aufl.).

> Krowatschek, D./Albrecht, S./Krowatschek, G.: Marburger Konzentrationstraining (MKT) für Schulkinder. Dortmund: Verlag modernes Lernen 2007 (7. Aufl.).
> Krowatschek, D./Albrecht, S./Krowatschek, G.: Marburger Konzentrationstraining für Jugendliche (MKT-J). Dortmund: Verlag modernes Lernen 2007 (7. Aufl.).
> Stücke, U.: Konzentrationstraining im 3. und 4. Schuljahr. Ein systematisches Förderprogramm. Band 1. Mülheim: Verlag an der Ruhr 1999.
> Stücke, U.: Konzentrationstraining im 3. und 4. Schuljahr. Ein systematisches Förderprogramm. Band 2. Mülheim: Verlag an der Ruhr 2000.

Lese-Rechtschreibschwäche

Die Legasthenie ist nicht eines Tages plötzlich da; sie baut sich über längere Zeit hin auf.

Dieter Betz

Eine Lese-Rechtschreibschwäche (LRS) liegt vor, wenn Schülerinnen und Schüler trotz normaler Intelligenz im Lesen und/oder Rechtschreiben anhaltend unterdurchschnittliche Leistungen zeigen. Durchschnittlich sind 5–10 Prozent von dieser Problematik betroffen. Das Risiko hierfür ist bei Jungen deutlich höher als bei Mädchen.

Von allen Lern- und Leistungsstörungen hat die Lese-Rechtschreibschwäche bisher am meisten Beachtung gefunden. Der Hauptgrund ist wohl der, dass schriftsprachliche Kompetenzdefizite die Berufs- und Lebenschancen enorm beeinträchtigen können. Deshalb muss sich die Schule um die Erkennung und Behebung der Lese-Rechtschreibschwäche intensiv bemühen.

Das Symptombild lese-rechtschreibschwacher Schülerinnen und Schüler ist zunächst dadurch gekennzeichnet, dass die Fehlerzahl bei ungeübten Diktaten überproportional hoch ist. Bezüglich der Qualität der Fehler unterscheidet man zwischen folgenden Grundkategorien (Weber/Marx, 2008):

- orthografische Fehler: Die Schreibung ist zwar lautgetreu, aber nicht regelkonform.
- nicht lautgetreue Fehler: Mindestens ein Buchstabe ist im Wort weggelassen, hinzugefügt oder vertauscht worden.

An der Genese der Lese-Rechtschreibschwäche ist eine Vielzahl von Faktoren beteiligt. Im kognitiven Bereich sind folgende Hypothesen in Betracht zu ziehen, die von Beratungslehrern oder Schulpsychologen diagnostisch abgeklärt werden müssen:

- Störung der phonologischen Bewusstheit: Sprachliche Einheiten wie Laute, Silben, Wörter werden nicht richtig erkannt, unterschieden und gehandhabt (wichtigste Vorläuferfähigkeit des Lesens und Schreibens).
- Visuelle Differenzierungsschwäche: Buchstaben und Silben werden umgestellt und gekippt.
- Akustische Differenzierungsschwäche: Das Hören und Unterscheiden von Phonemen ist schwierig.
- Visumotorische Koordinationsschwäche: Die Umsetzung von Wortbildern in Schreibbewegungsabläufe ist erschwert.
- Rhythmische Differenzierungsschwäche: Die Gliederung im Wort (in Silben und Laute) sowie im Satz wird nicht richtig erkannt.
- Speicherschwäche: Wortbilder werden nicht richtig verankert, was sich vor allem in Dehnungs-, Schärfungs- sowie Groß- und Kleinschreibungsfehlern äußert.
- Konzentrationsschwäche: Sie zeigt sich in Form von Flüchtigkeitsfehlern und in plötzlichen Fehlerhäufungen im letzten Teil von Diktaten.

Da der Lese-Rechtschreib-Lernprozess auch von den Anregungen der Lernumwelt abhängig ist, können soziale, familiäre und schulische Störfaktoren als weitere Ursachen gelten. Beeinträchtigend kann es schon sein, wenn die Eltern selbst nur geringe Lese-Rechtschreibfertigkeiten besitzen oder im Elternhaus kaum gelesen und geschrieben wird. Ebenfalls zur Ursachenkategorie «Lernumwelt» gehören die familiären Erziehungsfehler. Hierzu zählen Überbehütung beim Lernen, sinnloser Drill, unzureichende Verstärkung und Anerkennung sowie Entmutigung bei Misserfolgen. Nicht zuletzt sind auch schulische Lehr- und Motivierungsfehler zu nennen. Typische Lehrfehler sind zu rasches Lehrtempo, Übungsmangel, einkanalige Stoffvermittlung, übertriebene Anwendung ganzwortmethodischer Verfahren sowie zu früher Einsatz der Schreibschrift und nicht lautgetreuer Wörter. Zu den häufigen Motivierungsfehlern zählen mangelnde Anerkennung und Entmutigung. All diese Erziehungs- und Beziehungsfehler können das Selbstwertgefühl des Schülers so stark in Mitleidenschaft ziehen, dass er in einen lernhemmenden Teufelskreis gerät (Betz/Breuninger, 1998).

In allen Bundesländern gibt es Verwaltungsvorschriften zur Förderung von Schülerinnen und Schülern mit Schwierigkeiten im Lesen und Rechtschreiben. Die entsprechenden Förderkataloge umfassen binnendifferenzierende Hilfen, Förderunterricht in␣␣klasseninternen␣oder␣klassenübergreifenden Gruppen, schulexternen Unterricht in Leseklassen und schließlich auch intensive Einzelförderung. Das Förderangebot richtet sich primär an Schülerinnen und Schüler der Klassen 1 bis 6. Während der Fördermaßnahmen wird die konventionelle Benotung häufig ausgesetzt und durch individualisierte Leistungsbeschreibungen ersetzt.

Wer als Lehrperson lese-rechtschreibschwache Schülerinnen und Schüler fördern muss, sollte die Förderung möglichst auf die Defizite der einzelnen Schülerin oder des einzelnen Schülers abstimmen. Eine solche Individualisierung setzt eine genauere Schulleistungsdiagnose und Fehleranalyse voraus. Falls die Lehrperson keine entsprechende förderdiagnostische Ausbildung erhalten hat, sollte sie sich durch den für die Schule zuständigen Beratungslehrer oder, in schwierigeren Fällen, durch den Schulpsychologischen Dienst unterstützen lassen. Was die Förderarbeit konkret betrifft, haben sich folgende Strategien und Methoden als besonders hilfreich erwiesen:

- Wahrnehmungstraining: ähnliche Laute unterscheiden; Laute aus dem Wortganzen heraushören; ähnlich aussehende Buchstaben und Wörter unterscheiden
- synthetisch-analytisches Training: Wörter mit dem Leseteiler auf- und abbauen; Wörter mit dem Setzkasten, Silbenwürfel oder mit Silbenkärtchen synthetisieren; Wörter in Buchstaben, Silben und Morpheme gliedern und wieder zusammensetzen
- Steuerungshilfen: Silbensprechen, Silbenklatschen, rhythmisch-melodisches Sprechschreiben
- mehrkanaliges Lernen: Wörter auf dem akustischen, sprechmotorischen, visuellen und schreibmotorischen Lernweg aufnehmen
- Wiederholungslernen: einen sicheren Grundwortschatz erwerben durch regelmäßiges Üben und Wiederholen mit der Lernkartei
- mnemotechnische Hilfen: Farbsignale zur Unterscheidung von Schreibweisen einsetzen; Merkverse verwenden; Vorstellungshilfen vermitteln (zum Beispiel «Auf dem ‹h› im Wort Thron sitzt ein König»)

- Konzentrationstraining: Selbstinstruktionen zur Fehlererkennung einüben; die visuelle und akustische Konzentrationsfunktion gezielt schulen
- emotionale Aufbauarbeit: zunächst durch Einfachstanforderungen Erfolgsgelegenheiten schaffen; Fortschritte, auch wenn sie gering sind, würdigen; bei Misserfolgen Ermutigung zusprechen
- Diktattraining: in der Aufbauphase motivierende Kurzdiktate (möglichst mit lautgetreuen Wörtern) verwenden; deutlich und nicht zu schnell diktieren; Diktate unter Zuhilfenahme einer Textvorlage selbst korrigieren lassen
- Lesetraining: mit abwechslungsreichen Übungen und spannenden Lesetexten die Lesefertigkeiten systematisch fördern.

Viele schulische Fördermaßnahmen würden sich erübrigen, wenn man Schülerinnen und Schüler vor dem Schuleintritt auf das Lesen- und Schreibenlernen besser vorbereitete. Hierfür wurde an der Universität Würzburg ein Förderprogramm zur primären Prävention der Lese-Rechtschreibschwäche entwickelt (Küspert/Schneider, 2008). Anhand zahlreicher Übungen lernen Kinder im letzten Kindergartenjahr, die lautliche Struktur der gesprochenen Sprache zu erkennen. Diese intensive Schulung der phonologischen Bewusstheit hat sich in den bisherigen Evaluationsstudien als sehr förderlich für den schulischen Schriftspracherwerb erwiesen (Schneider, 2008).

Tipps für die häusliche Rechtschreibförderung

- Üben Sie mit Ihrem Kind in kleinen Zeitspannen. Zu empfehlen ist eine tägliche Übungszeit von 10–15 Minuten. Lieber 10 Minuten konzentriert trainieren, als sich eine halbe Stunde quälen.
- Reduzieren Sie zu hohe Erwartungen. Eine Besserung ist nur in kleinen Schritten möglich.
- Schimpfen und bestrafen Sie das lese-rechtschreibschwache Kind nicht, sondern loben Sie es selbst bei kleinen Fortschritten und ermutigen Sie es bei Rückschritten.
- Verwenden Sie nur altersgerechte Übungstexte. Diktieren Sie weder zu schnell noch zu langsam. Sprechen Sie Wörter deutlich aus.
- Lassen Sie das Übungsdiktat sofort korrigieren, damit keine falschen Wortbilder gelernt werden. Das Kind sollte die Korrektur mithilfe der Textvorlage zunächst selbst durchführen.

- Falls möglich, ergänzen Sie die Übungsarbeit durch computergestützte Trainingsprogramme. Der Computer schimpft nicht!
- Lassen Sie Stolperwörter auf Lernkarteikarten schreiben. Das Kind kann mit der Lernkartei selbstständig arbeiten. Zuerst liest es die Karte, dann dreht es sie um und schreibt das Wort sprechschreibend aus dem Gedächtnis auf. Ist das Wort richtig geschrieben worden, darf die Karte ins nächste Fach des Lernkarteikastens weiterwandern (s. Kap. 2).
- Häusliche Rechtschreibübungen sollten zu festen Zeiten stattfinden. Die Regelmäßigkeit kann mit einem Lernkontrollblatt selbst kontrolliert werden.
- Die Lernumgebung sollte ruhig und visuell ablenkungsarm sein.

Materialien für die häusliche Rechtschreibförderung

Keller, C.: Mit 5-Minuten-Einheiten zum Rechtschreiberfolg. Ein Trainingsprogramm für die fünfte Klasse inklusive CD. Buxtehude: AOL 2010.

Keller, C./Bischof, J.: Mit 5-Minuten-Einheiten zum Rechtschreiberfolg. Ein Trainingsprogramm für die sechste Klasse inklusive CD. Buxtehude: AOL 2010.

Tacke, G.: Das 10-Minuten-Rechtschreibtraining für zu Hause. Programm zum Aufbau der Rechtschreibkompetenz ab Klasse 3. Donauwörth: Auer 2010 (6. Aufl.).

Thiel, A.: Duden – Einfach klasse in Deutsch. Richtig schreiben (2. Klasse). Übungsblock. Mannheim: Bibliographisches Institut 2008.

Missbrauch

Es ist eine unendliche Demütigung, Opfer zu sein, es ist verbunden mit Scham- und Schuldgefühlen, die sich vermutlich niemand vorstellen kann, der es nicht am eigenen Leib erfahren hat.

Amelie Fried

Unter Missbrauch im Schulalter versteht man sexuelle Handlungen mit, an oder vor Heranwachsenden. Zu unterscheiden sind dabei drei Missbrauchskategorien:
1. «Verkehr als sexueller Missbrauch mit genitaler, oraler oder analer Penetration oder Manipulation,
2. sexueller Missbrauch mit Körperkontakt, aber ohne Geschlechtsverkehr und

3. sexueller Missbrauch ohne Körperkontakt wie beispielsweise die Konfrontation mit einem Exhibitionisten oder Masturbation in Anwesenheit eines Kindes» (Hardt/Engfer, 2008:813).

Sexuellen Missbrauch gab es schon immer, aber er ist noch nie so erkennbar und offenbar gewesen wie in diesen Tagen. Nach der polizeilichen Kriminalstatistik handelt es sich pro Jahr um circa 12 000 Fälle. Diese Zahl scheint aber um ein Vielfaches höher zu sein, legt man Dunkelfeldstudien zugrunde, in denen Erwachsene im Rückblick über Erfahrungen mit sexuellen Übergriffen befragt wurden.

Mädchen sind wesentlich häufiger Opfer als Jungen. Das «Verhältnis liegt ungefähr bei 75 Prozent zu 25 Prozent» (Deegener, 2010:245). Die meisten Täter (90–95 Prozent) sind Männer, die größtenteils aus dem sozialen Umfeld des Opfers stammen: Familienmitglieder, Verwandte, Bekannte, Lehrpersonen, Erzieher, Priester. Häufig ist der Täter ein dominanter, aggressiver Vater. Nicht selten leidet dieser an Suchtproblemen, was eine Lockerung der normalen Inzesthemmung bewirkt. Die Mutter ist oft passiv, unterwürfig und verängstigt, sie kann die Kinder nicht vor dem Vater schützen. Nicht selten verleugnet die Mutter den Missbrauch und ergreift sogar Partei gegen das Kind. Der Missbrauch wird nicht angezeigt und zum Familiengeheimnis gemacht. Denn je näher und abhängiger die Beziehung zwischen Täter und Opfer ist, desto geringer ist der Mut zum Hilferuf und zur Anzeige. Spontan angezeigt wird das Delikt oft nur, wenn der Täter nicht mit dem Opfer verwandt ist und körperliche Gewalt angewandt hat (Steinhausen, 2006).

Sexueller Missbrauch kann in Betracht gezogen werden, wenn ein Kind abnorme sexuelle Neugier entwickelt, exzessiv onaniert, über ein frühreifes sexuelles Wissen verfügt oder sich gegenüber anderen Kindern distanzlos und verführerisch verhält. Zu beobachten ist auch, dass das Opfer auf den Missbrauch mit häufigem Weinen, Depressivität, Verschlossenheit, übermäßiger Angst (zum Beispiel vor Männern), akutem Nachlassen der Schulleistungen und Schlafstörungen reagiert. Für die Diagnostik sind außerdem körperliche Anzeichen wie Verletzungen im Genital- und Analbereich oder ungewöhnlicher Geruch im Bereich der Geschlechtsorgane relevant.

Aus den aktuellen seelischen und körperlichen Verletzungen resultieren häufig gravierende seelische Langzeitfolgen, und zwar vor allem

dann, wenn der Missbrauch nicht aufgedeckt und behandelt werden kann. Besonders zu nennen sind:
- depressive Erkrankungen
- generelles soziales Misstrauen
- Alpträume
- Suizidneigung
- schulischer Leistungsabsturz
- übermäßiges oder gehemmtes Sexualverhalten.

Während homosexuell missbrauchte Jungen das Täterverhalten nicht selten im Erwachsenenalter aktiv reproduzieren, geraten missbrauchte Mädchen später manchmal erneut in eine sexuelle Opferrolle, indem sie einen sexuell gewalttätigen Partner wählen.

Sexuell missbrauchte Kinder und Jugendliche benötigen eine intensive psychische Unterstützung und Hilfe. Wer ihnen helfen möchte, das traumatische Ereignis auszudrücken, muss einfühlsam nachfragen (zum Beispiel «Ist etwas geschehen, weshalb du dich schlecht fühlst?»). Auf keinen Fall darf man Fragen stellen, die Schuldgefühle hervorrufen (zum Beispiel «Warum hast du ihm das erlaubt?»). Auch ist es nicht gut, ihnen Vorstellungen aufzudrängen und zu suggerieren, was mit ihnen geschehen sein könnte. Wenn sich der Verdacht verdeutlicht oder das Kind genau beschreiben kann, was geschehen ist, ist eine professionelle Verdachtsabklärung notwendig. In Frage kommen Kinderschutzzentren, medizinische Kinderschutzambulanzen und Beratungsstellen gegen sozialen Missbrauch.

Die Diagnose allein beseitigt das Problem nicht, sondern es muss sich daran eine stützende Kurztherapie anschließen. Nur so wird eine Verarbeitung der Gefühle ermöglicht. Im Falle einer ernsthaften Traumatisierung ist eine längere therapeutische Betreuung notwendig, die zum Ziel hat, dem Kind seinen Selbstwert wiederzugeben und es persönlich so zu stärken, dass es angstfrei leben kann.

Tipps zur Missbrauchsprävention für Eltern

- Geben Sie Ihrem Kind so viel seelische «Nahrung», dass es sich Zärtlichkeit nicht irgendwo anders holen muss.
- Reden Sie mit Ihrem Kind regelmäßig über sein Befinden. Lassen Sie es über Freud und Leid, Ängste und Ärger berichten.

- Fördern Sie das Selbstbewusstsein Ihres Kindes. Es soll lernen, in Situationen ungewollter Annäherung unmissverständlich «Nein» zu sagen.
- Erziehen Sie Ihr Kind nicht zum bedingungslosen Gehorsam.
- Sprechen Sie mit Ihrem Kind altersgemäß über Sexualität. Damit sinkt die Gefahr, dass ein Fremder seine Unwissenheit missbraucht.
- Befähigen Sie Ihr Kind, Intimes sprachlich auszudrücken. Häufig sind missbrauchte Kinder unfähig zu beschreiben, was vorgefallen ist.
- Sagen Sie Ihrem Kind, dass sein Körper ihm gehört. Niemand darf es gegen seinen Willen berühren.
- Ermutigen Sie Ihr Kind, unangenehme Erlebnisse und «schlechte» Geheimnisse zu erzählen. Erklären Sie ihm, dass dies nichts mit Petzen zu tun hat.
- Nehmen Sie merkwürdige Andeutungen ihres Kindes ernst. Hören Sie genau hin. Fragen Sie vorsichtig nach.
- Machen Sie Ihrem Kind deutlich, dass es mit Fremden nicht mitgehen und nicht in ihr Auto einsteigen darf.
- Seien Sie immer im Bilde, wo Ihr Kind sich aufhält. Lassen Sie Ihr Kind genau wissen, wo es Sie erreichen kann.

Misshandlung

Die Gesellschaft ächtet die Methoden der prügelnden Erzieher von gestern – und vergisst die Missstände von heute.

Heribert Prantl

Laut § 1631 Abs. 2 des Bürgerlichen Gesetzbuches haben Kinder und Jugendliche ein Recht auf gewaltfreie Erziehung. Dieses Recht wird in Familien und bisweilen auch in familienergänzenden Einrichtungen immer wieder durch Misshandlung gebrochen. Eine Form der Misshandlung von Kindern und Jugendlichen sind harte körperliche Bestrafungen, die zu Verletzungen führen. Eine andere Form ist die seelische Gewalt, worunter das gezielte und anhaltende Unterdrücken und Demütigen von Kindern und Jugendlichen zu verstehen ist.

Obwohl in den letzten Jahrzehnten das elterliche Erziehungsverhalten eine Liberalisierung erfahren hat, gibt es immer noch Familien, in denen hart gestraft wird. Aus dem 13. Kinder- und Jugendbericht der Bundesregierung geht hervor, dass schätzungsweise 10–15 Prozent der Eltern ihre Kinder gravierend und häufig körperlich züchtigen (Sachverständigenkommission 13. Kinder- und Jugendbericht, 2010).

1. Erste pädagogisch-psychologische Hilfe 41

Aus der Befragung gewalttätiger Eltern ergibt sich ein vielschichtiges Ursachenbild. Ein nicht geringer Teil davon war früher selbst Opfer von Gewalt und nimmt dieses Gewaltmuster als «psychisches Erbe» in die Elternrolle mit. Dann gibt es Eltern, die schlagen, weil sie unter extremen Lebensbelastungen stehen (Arbeitslosigkeit, Armut). Schließlich kann erzieherische Ohnmacht und Inkompetenz eine Rolle spielen. Bei dieser Gruppe handelt es sich um Eltern, die nicht wissen, wie man mit problematischen Kindern (zum Beispiel Hyperaktiven) umgeht, und in dieser Hilflosigkeit körperliche Sanktionen anwenden.

Gravierende Fälle von Kindesmisshandlung, also jene mit körperlicher und seelischer Verletzung, sind statistisch schwer zu erfassen (Hardt/ Engfer, 2008). Im Gegensatz zu den USA gibt es in Deutschland für behandelnde Ärzte keine Meldepflicht. Und so werden nur 3500 Fälle pro Jahr polizeilich erfasst.

Die psychischen Folgen gewalttätiger Familienerziehung sind vielfältig. Beobachtet werden erhöhte Aggressionsbereitschaft (insbesondere bei Jungen), Sprachstörungen, Leistungs- und Konzentrationsschwierigkeiten, sozialer Rückzug, Suchtverhalten und Suizidprobleme (vor allem bei Mädchen).

Obwohl es inzwischen ein flächendeckendes Netzwerk kinderschützender Anlaufstellen gibt, scheuen misshandelte Kinder und Jugendliche aus Angst vor noch schlimmeren Konsequenzen eine Konsultation. Wenn Lehrpersonen bei Kindern und Jugendlichen körperliche oder seelische Misshandlungszeichen (zum Beispiel Wundmale, extreme Verschüchterung) wahrnehmen, sollten sie die Betroffenen in einem separaten Gespräch behutsam befragen. Bestätigt sich aufgrund der Aussagen die Misshandlungshypothese, ist die Schule zur Hilfe verpflichtet. Wer sich über den konkreten Weg im Unklaren ist, sollte sich an die Fachpersonen des zuständigen Jugendamtes wenden. Dort weiß man aufgrund vielfältiger Erfahrungen, was im konkreten Fall der nächste wichtige Schritt ist. Ist in einer akuten Notsituation das Jugendamt nicht erreichbar, sollte der Kinderschutzbund um Rat gefragt werden. Darüber hinaus können sich betroffene Kinder und Jugendliche direkt über die bundesweit gebührenfreie Telefonnummer des Kinderschutzbundes (0800/1110333) an Helferinnen und Helfer wenden.

In vielen Fällen von Misshandlung ist eine intensive therapeutische Hilfe vonnöten. Dies bedeutet, dass sowohl mit dem Opfer als auch mit den Eltern gearbeitet werden muss. Ziel der Kindertherapie ist es, die traumatischen Erlebnisse aufzuarbeiten. Und das Ziel der Arbeit mit den Erwachsenen besteht darin, ihnen zu einer wirksameren Affektsteuerung und zu einem humaneren Erziehungsverhalten zu verhelfen. In manchen Regionen gibt es auch Selbsthilfegruppen für gewalttätige Eltern. Das Problem der Kindesmisshandlung kann letztlich nur durch präventive Maßnahmen wirksam reduziert werden. Diese müssten schon im Kindergarten beginnen, indem jungen Eltern Erziehungshilfen und Erziehungstrainings angeboten werden.

Erziehungstipps für Eltern

- Achten Sie Ihr Kind ungeachtet seiner Schwierigkeiten und Schwächen.
- Helfen Sie Ihrem Kind, wenn es tatsächlich Hilfe benötigt.
- Ermuntern Sie es zur Selbstständigkeit, wenn es den Weg zum Ziel selbst gehen kann.
- Setzen Sie Ihrem Kind aber auch Grenzen, die weder zu eng noch zu weit gezogen werden dürfen.
- Reagieren Sie konsequent, wenn vereinbarte Grenzen und Regeln überschritten werden.
- Strafen Sie Ihr Kind nicht körperlich, sondern durch den Entzug von Annehmlichkeiten, Wiedergutmachungen, häusliche Aufgaben und Besinnungsmöglichkeiten.
- Loben Sie Ihr Kind für positive Leistungen und positives Verhalten.
- Ermutigen Sie Ihr Kind, wenn es ihm schlecht geht.
- Äußern Sie Kritik so, dass das Fehlverhalten kritisiert wird. Vermeiden Sie Killerbotschaften: «Du bist zu nichts zu gebrauchen.»
- Verdeutlichen Sie immer wieder Regeln des Miteinander.

Motivationsstörungen

Ohne Motivation erfolgt kein Lernen.

Rudi Maskus

In der Klientel der Schulpsychologischen Dienste sind Schülerinnen und Schüler mit Motivationsstörungen relativ häufig vertreten. Vorgestellt werden nicht nur die klassischen Pubertätslernstörungen. Die Problemgruppe umfasst auch verwöhnte Grundschulkinder und sinnfrustrierte Oberstufenschüler. Beim genaueren Blick auf die Problemgruppe fällt zum einen auf, dass Jungen von Motivationsstörungen häufiger betroffen sind, und zum anderen, dass die Störungsspitze in den Klassen 7 bis 10 (Pubertät) liegt.

Wer sich mit Motivationsstörungen befasst, sollte auf eine differenzierende Beschreibung achten, denn sie treten in unterschiedlichen Formen in Erscheinung. Geht man dabei von beratungspraktischen Erfahrungen aus, lassen sich drei typische Erscheinungsformen unterscheiden (Keller, 2011):
1. generelle Motivationsstörung
2. Schulunlust
3. spezielle Lernmotivationsstörung.

Der ersten Kategorie, der generellen Motivationsstörung, lassen sich Kinder und Jugendliche zuordnen, die sowohl in der Schule als auch im Freizeitbereich durch Lustlosigkeit, Interessenlosigkeit, Gleichgültigkeit und Stumpfheit auffallen. Diesem Zustand der gravierenden Antriebsschwäche liegen meist ernsthafte physische oder psychische Erkrankungen zugrunde.

Von einer Schulunlust kann gesprochen werden, wenn die Anstrengungsbereitschaft in vielen Fächern und Leistungssituationen unterdurchschnittlich ist. Schülerinnen und Schüler mit dieser Erscheinungsform arbeiten im Unterricht wenig mit, vernachlässigen die Hausaufgaben und bereiten sich auf Klassenarbeiten ungenügend oder gar nicht vor. Im Gegensatz dazu führen sie ein aktives Freizeitleben, sind kontaktfreudig und spielmotiviert.

Eine spezielle Lernmotivationsstörung liegt vor, wenn das Anstrengungsproblem nur in einem eng umgrenzten Bereich des Leistungsspektrums auftritt. Zu dieser Kategorie gehören beispielsweise Schülerinnen und Schüler, die keine Lust auf Fremdsprachen haben, ansonsten aber normal motiviert sind. Wer im Unterricht nicht mitmacht, aber ansonsten fleißig arbeitet, ist ebenfalls diesem Störungsbild zu zuordnen.

Hinter dem Erscheinungsbild von Motivationsstörungen können sich unterschiedlichste Ursachen verbergen. Leider ist es so, dass sich viele Menschen die Diagnose sehr einfach machen. Sie kommen vorschnell zu dem Schluss, dass der «faule» Schüler nicht will. Wollte er, könnte er mehr. So einfach sind die allerwenigsten Motivationsstörungen verursacht. Will man motivationsgestörten Kindern und Jugendlichen gerecht werden und ihnen wirksam helfen, ist eine gründliche Ursachenanalyse erforderlich.

Was Motivationsstörungen zugrunde liegen kann, wird nun überblicksartig dargestellt. Manche der genannten Faktoren können von den Lehrpersonen selbst diagnostiziert werden, andere wiederum verlangen eine Abklärung durch psychologische oder medizinische Fachleute. Erschwert wird die Diagnose dadurch, dass sich nicht wenige Störfaktoren in einem Wechselwirkungsverhältnis befinden.

Familie
- Verwöhnung und Überbehütung
- mangelnde Selbstständigkeitserziehung
- Uneinigkeit der Eltern hinsichtlich der Leistungserwartungen
- wenig Anteilnahme, Lob und Ermutigung
- wenig Neugierweckung, kulturelle Anregung
- übermäßiger Medienkonsum
- chronischer elterlicher Beziehungskrieg
- Trennungs- und Scheidungskrise
- Alleinerziehersituation
- Armutssituation.

Schule
- kein Konsens hinsichtlich der Leistungserwartungen
- wenig Lob, Anerkennung, Ermutigung
- selbstbildschädliche Leistungskommentare, destruktive Kritik
- Über- oder Unterforderung
- Mangel an schüleraktiven Arbeitsformen
- zu wenig Ziel- und Sinnorientierung
- zu wenig Neugierweckung und Interessenanknüpfung
- gestörte Lehrer-Schüler-Beziehung
- Außenseiterposition, Mobbing
- gestörtes Klassen- oder Schulklima.

Schüler
- primäre Antriebsschwäche
- körperliche Grunderkrankung (zum Beispiel Schilddrüsenunterfunktion)

1. Erste pädagogisch-psychologische Hilfe 45

- psychische Grunderkrankung (zum Beispiel Depression)
- pubertäre Leistungsaversion
- negatives Selbstbild von der eigenen Fähigkeit
- Überforderung
- Unterforderung
- mangelhafte Selbstmotivierungs- und Lernstrategien.

Gesellschaft
- Wandel von der Arbeits- zur Freizeitgesellschaft
- Wandel der Familienstrukturen
- mediale Verwöhnung
- hedonistischer Lebensstil
- schlechte Arbeitsmarkt- und Berufsperspektive.

Die stärkste Beeinträchtigung geht momentan aus schulpsychologischem Blickwinkel vom Erziehungsfehler der Verwöhnung aus. Aus den Fallanalysen ist zu ersehen, dass vielen motivationsgestörten Schülerinnen und Schülern seit der Kleinkindheit ein Übermaß an psychischer und materieller Zuwendung zuteil wird. Nahezu alles, was sie haben wollen, bekommen sie geschenkt und erfüllt. Und dies, ohne dass Gegenleistungen erwartet und gefordert werden. Die gravierendste Verwöhnungsfolge ist, dass diese jungen Schlaraffianer den Aufschub von Bedürfnissen nicht lernen. Die tägliche Wunscherfüllung verdichtet sich zum hedonistischen Charakter. Sie fordern immer mehr, ohne dafür etwas zu tun. Sie pochen auf Rechte, ohne Pflichten zu übernehmen. Stoßen sie auf Hindernisse, bemühen sie sich kaum um deren Überwindung, sondern lassen sie sich aus dem Weg räumen. Sie möchten im Mittelpunkt stehen, ohne andere auch mal vorzulassen. Von Schuljahr zu Schuljahr sinkt ihre Lernbereitschaft. Hausaufgaben und Klassenarbeitsvorbereitungen sind ihnen eine üble Last, der sie mit allerlei Vermeidungsstrategien aus dem Weg zu gehen versuchen. Sind sie gut begabt, bekommen sie in den ersten Schuljahren noch so viel mit, dass sie die Klassenziele erreichen. Deutliche Leistungseinbrüche erleiden sie ab Klasse 7, wenn der Lernstoff nicht mehr allein durch Cleverness angeeignet werden kann, sondern intensive selbstständige Lernarbeit immer wichtiger wird.

Wer Schülerinnen und Schüler motivieren möchte, sollte zunächst seine eigene Motivation reflektieren und gegebenenfalls verändern. Krug

(1983) kam bei der Analyse von Motivationsförderprogrammen zu dem Schluss, dass die Motivation des Motivators die einflussmächtigste Variable ist. Darüber hinaus gibt es immer auch die Möglichkeit, gezielt Strategien der Motivierung anzuwenden (Keller, 2011). Sie sind umso wirksamer, je besser die Strategie auf die Person des Motivators und des Schülers abgestimmt wird. Diese Feinabstimmung ist die eigentliche Kunst des Motivierens.

Nachstehend werden zunächst Motivierungsmittel für Lehrpersonen sowie Eltern in Form von Handlungsanleitungen aufgezeigt, die sich in der praktischen Lernförderung als umsetzbar und wirksam erwiesen haben. Die abschließenden Tipps wenden sich direkt an Schülerinnen und Schüler. Nach meinen förderpraktischen Erkenntnissen und Erfahrungen kann die Vermittlung von Motivations- und Lernmethoden sehr hilfreich sein. Von dieser Möglichkeit der Hilfe zur Selbsthilfe wird in Schule und Elternhaus immer noch zu wenig Gebrauch gemacht.

Motivationstipps für Lehrerinnen und Lehrer

- Loben Sie Ihre Schülerinnen und Schüler für Leistungsfortschritte und positives Verhalten. Loben Sie nicht pauschal, sondern individuell. Das heißt, heben Sie das Besondere der Leistung hervor. Loben Sie nicht bei jeder Gelegenheit, sondern in Intervallen.
- Verwenden Sie Tadel und Strafen sparsam. Drücken Sie Ihre Kritik so aus, dass die Schülerinnen und Schüler in ihrem Ehrgefühl nicht verletzt werden.
- Verdammen Sie Schülerinnen und Schüler in Misserfolgssituationen nicht. Vermeiden Sie Bloßstellungen. Selbstvertrauen und Leistungsbesserungen können letztlich nur durch Ermutigung und helfende Zuwendung entstehen.
- Verwöhnen Sie Ihre Schülerinnen und Schüler nicht. Muten Sie Ihnen den Aufschub von Bedürfnissen zu. Verwechseln Sie aber diese Entwicklungsaufgabe nicht mit Kasteiung.
- Seien Sie vorsichtig bei der Zuschreibung von Leistungsursachen. Vermeiden Sie es, Schülerinnen und Schülern zu sagen, ihr Misserfolg sei die Folge von Begabungsmängeln. Hat ein Schüler Erfolg, schreiben Sie diesen seiner Anstrengung oder seinen Fähigkeiten zu, nicht aber dem Zufall oder der Leichtigkeit der Aufgabe.
- Setzen Sie die Leistung einzelner Schülerinnen und Schüler nicht nur zur Durchschnittsleistung der Klasse in Beziehung, sondern auch zur bisherigen individuellen Leistung. Hat ein Schüler zwar noch keine gute Note geschrieben, sich aber im Vergleich zu früher verbessert, loben Sie ihn dafür. Dies ist

auch in schriftlicher Form möglich – beispielsweise als Kommentar unter einer Klassenarbeit.
- Damit Schülerinnen und Schüler in der täglichen Anstrengung einen Sinn sehen lernen, zeigen Sie ihnen immer wieder den Zusammenhang zwischen kurzfristigen Lernzielen und langfristigen Lebenszielen auf.
- Überlegen Sie bei der Unterrichtsplanung intensiv, wie die Weckwirkung von Spannung, Entdeckung und Neugier erzeugt werden kann.
- Gewähren Sie im Unterricht genügend Gelegenheit zum selbsttätigen Lernen. Nur so lässt sich das Energiepotenzial vieler Kinder und Jugendlicher sinnvoll umsetzen.
- Gestalten Sie den Schwierigkeitsgrad Ihrer Stoffdarbietung so, dass weder Überforderung noch Unterforderung entstehen.
- Informieren Sie ihre Schülerinnen und Schüler stets über die Ziele, die Sie mit ihnen gemeinsam erreichen möchten. Verknüpfen Sie die Zielerreichung mit Anreizen.
- Sorgen Sie dafür, dass sich die Schülerinnen und Schüler bei Ihnen wohlfühlen. Führen Sie mit einzelnen Schülern und der Klasse Befindensgespräche. Der kurzfristig höhere Zeitaufwand zahlt sich langfristig durch ein besseres Lern- und Beziehungsklima aus.
- Versuchen Sie mit ihren Kolleginnen und Kollegen einen pädagogischen Minimalkonsens zu erreichen. Ziehen Sie an einem Strang, wenn es um elementare Ziele und Methoden des Erziehens und Unterrichtens geht.
- Pflegen Sie einen guten Kontakt zum Elternhaus. Sprechen Sie mit den Eltern von Problemkindern, bevor es zu spät ist. Erläutern Sie den Eltern Ihr Erziehungskonzept. Streben Sie auch hier einen pädagogischen Minimalkonsens an.
- Appellieren Sie nicht nur an Ihre Schülerinnen und Schüler, dass sie lernen sollen, sondern zeigen Sie ihnen auch, wie sich das Lernen erleichtern und verbessern lässt. Die Vermittlung von Lern- und Arbeitstechniken wird von ihnen als hilfreich erlebt.

Motivationstipps für Eltern

- Nehmen Sie Ihrem Kind nicht das ab, was es bereits selbst tun kann. Ermutigen und ermuntern Sie es frühzeitig zur Selbsttätigkeit und Selbstständigkeit.
- Vermeiden Sie den Erziehungsfehler der Verwöhnung. Überschütten Sie Ihr Kind nicht mit einem Übermaß an seelischer und materieller Zuwendung. Achten Sie auf das Gleichgewicht von Geben und Nehmen. Muten Sie Ihrem Kind auch das Aushalten von Bedürfnisspannungen zu.
- Loben Sie Ihr Kind für positives Verhalten und Leistungsfortschritte. Loben Sie nicht pauschal, sondern drücken Sie das aus, was Ihnen besonders gefällt.

- Hat Ihr Kind Erfolg, sagen Sie ihm, dass dies mit seiner Anstrengung oder seiner Fähigkeit zu tun hat. Führen Sie die Ursache der guten Note nicht auf den Zufall oder auf den geringen Schwierigkeitsgrad der Klassenarbeit zurück.
- Scheuen Sie sich nicht vor Kritik. Auch Ihr Kind braucht eine ehrliche Rückmeldung. Wenn Sie berechtigte Kritik üben, so achten Sie darauf, dass sein Ehrgefühl nicht verletzt wird. Unterscheiden Sie immer zwischen der Kritik am Verhalten und der Kritik an der Person.
- Scheuen Sie sich auch nicht davor, Erwartungen zu äußern und Gütemaßstäbe zu vermitteln. Achten Sie beim Fordern darauf, dass Ihre Leistungserwartungen dem Alter und den Fähigkeiten des Kindes angemessen sind.
- Erarbeiten Sie als Ehepartner eine Übereinkunft darüber, was Sie von Ihrem Kind leistungsmäßig erwarten. Und ziehen Sie bei der Umsetzung Ihrer Erwartungen an einem Strang.
- Regen Sie Ihr Kind kulturell an. Wecken Sie seine Neugier. Sorgen Sie für ein aktives Freizeitleben, das allerdings nicht zu verplant sein soll. Setzen Sie dem Medienkonsum Grenzen. Verhindern Sie, dass Ihr Kind mediensüchtig wird.
- Vermeiden Sie pauschale Leistungsappelle. Wenn Ihr Kind Leistungsschwierigkeiten hat, überprüfen Sie mit ihm die Lerntechnik Und zeigen Sie ihm Methoden, mit denen sich das Lernen erleichtern und verbessern lässt (s. Keller, G.: Lerntechniken von A bis Z. Bern: Huber 2011).
- Unterstützen Sie die Sinnsuche Ihres Kindes. Tun Sie sein Nachdenken über die Zukunft nicht als Fantasterei ab. Seien Sie froh über jedes Ziel, das eine positive Zugkraft ausübt.

Motivationstipps für Schülerinnen und Schüler

- Schiebe das, was du lernen musst, nicht auf. Tu's gleich! Der Ärger, den du später mit dem aufgeschobenen Lernstoff hast, ist sicherlich unangenehmer als die momentane Unlust.
- Wärme dich vor dem Lernstart auf. Räume den Arbeitsplatz auf. Beseitige das, was dich ablenken könnte. Atme tief ein und aus. Spanne deine Hände, Arme und Beine fest an und lass Sie nach 10 Sekunden wieder los.
- Setze dir Ziele. Dabei kann dir ein kleiner Lernplan, auf dem geschrieben steht, was du erreichen möchtest, nützlich sein. Unterscheide dabei zwischen Muss- und Kann-Zielen. Hake ab, was du erledigt hast.
- Bewältige größere Lernaufgaben wie Klassenarbeiten und Facharbeiten in Etappen und fange frühzeitig an. Fertige hierfür gegebenenfalls einen Zeitplan an.
- Belohne dich für die Erledigung von Lernaufgaben bzw. für das Erreichen von Zielen mit angenehmen Freizeittätigkeiten.

- Hast du eine gute Note erhalten, so werte diese nicht ab, indem du sie auf den Zufall oder auf die Leichtigkeit der Aufgaben zurückführst. Betrachte sie als Lohn deiner Anstrengung und als Beweis deiner Fähigkeit.
- Vermeide es, zu lange an einem Stoff zu lernen. Wirke der Übersättigung entgegen, indem du eine Pause einlegst oder einen anderen Lernstoff dazwischen schiebst.
- Sage nie vorschnell, dass du ein Fach oder einen Stoff nicht magst. Wenn du genauer nachdenkst, wirst du etwas finden, was dich interessiert oder neugierig macht.
- Informiere dich früh über Studien- und Berufsziele. Zielorientierungen üben auf das Lernverhalten eine wichtige Zugkraft aus.

Rechenschwäche

Wer rechnet, ist immer in Gefahr sich zu verrechnen.

Theodor Fontane

Bei der Rechenschwäche handelt es sich um eine Minderleistung im mathematischen Bereich, die im Gegensatz steht zu einer normalen Intelligenz sowie zu durchschnittlichen oder sogar überdurchschnittlichen Leistungen in den übrigen Fächern. Wenn ein Schüler nicht nur in der Mathematik, sondern auch in anderen Fächern versagt, liegt keine isolierte, sondern eine allgemeine Leistungsschwäche vor.

Die Rechenschwäche ist erst seit Beginn der 1990er Jahre in stärkerem Maße beachtet worden. Zuvor war die Aufmerksamkeit fast ausschließlich auf die Lese-Rechtschreibschwäche gerichtet. Dass man sich mit der Rechenschwäche nun intensiver befasst, ist dringend notwendig, denn aufgrund empirischer Studien kann man davon ausgehen, dass 5–8 Prozent der Schülerinnen und Schüler an dieser Lernstörung leidet (Grube, 2008). Sie tritt bei Mädchen etwas häufiger auf als bei Jungen.

Die Rechenschwäche kann sich in unterschiedlichen Formen äußern. Die gravierendste Form ist die *Akalkulie* (Zählschwäche). Sie besteht darin, dass sich der Schüler mit der Mächtigkeitsbestimmung von Mengen und mit der Zuordnung von Zahlen zu Mengen sehr schwertut. Von der Akalkulie zu unterscheiden ist die *Dyskalkulie*. In diese Kategorie fallen alle Schwierigkeiten bei der Aneignung und Ausführung der arithmetischen Grundoperationen. Hierzu gehören sowohl Schwierigkeiten bei der Verinnerlichung der Operationen als auch typische Fehlleistungen des Grundrechnens. Beispiele für solche Fehlleistungen sind Ziffernverwechslungen, Irrtum um eins bei der Zehnerüberschreitung oder Stellenwertprobleme beim Zahlenlesen. Eine weitere Schwierigkeit, die in der Grundschule gehäuft auftritt, ist die *Sachrechenschwäche*. Schülerinnen und Schüler, die mit diesem Problem auffallen, beherrschen meist die arithmetischen Grundoperationen, können aber den Aufgabentext nicht lösungsgerecht dekodieren. Eher selten ist die *Geometrieschwäche*. Sie tritt in der Grundschule auf, wenn es um Formunterscheidungen sowie um das Erkennen und Herstellen von Symmetrien geht. Schließlich ist noch eine Erscheinungsform zu nennen, die vor allem in der Sekundarstufe vorkommt, nämlich die *Regelverständnisschwäche*. Sie bedeutet, dass komplizierte Regeln in den Bereichen des Klammerrechnens, Bruchrechnens, Prozentrechnens und Buchstabenrechnens nicht verstanden werden.

Wie die Lese-Rechtschreibschwäche hat auch die Rechenschwäche ein sehr vielschichtiges Ursachengefüge (Lorenz, 2004; Fritz et al., 2009). Als naheliegendste Ursache kommen partielle Fähigkeitsdefizite in Frage. Hierzu gehören Schwächen im begrifflichen Denken oder im räumlich-visuellen Vorstellungsvermögen. Dann gibt es Schülerinnen und Schüler, bei denen der Erwerb mathematischer Grundoperationen verzögert ist. Sie haben Schwierigkeiten beim Übergang von der Handlungs- und Anschauungsebene auf die Ziffern- und Automatisierungsebene. Als dritter Ursachenschwerpunkt sind Teilleistungsschwächen zu nennen, wozu Wahrnehmungsstörungen (zum Beispiel Verwechslung von 6 und 9), Speicherschwierigkeiten, graphomotorische Störungen und Konzentrationsstörungen gehören. Diese Teilleistungsschwächen können durch Hirnfunktionsstörungen oder durch mangelndes Funktionstraining bedingt sein. Viertens kann die Mathematikschwäche mit falschen oder fehlenden Problemlösestrategien zusammenhängen. Es handelt sich um Schülerinnen und Schüler, die normal begabt sind, aber vor allem bei komplexen Textaufgaben überstürzt und ungesteuert vorgehen. Weiterhin ist aus der Misserfolgsanalyse bisweilen zu ersehen, dass manche Schülerinnen und Schüler falsch lernen. Sie bereiten sich zu spät auf die Klassenarbeit vor, vernachlässigen bei der Stoffeinprägung den schriftlichen Lernweg, wiederholen zu wenig oder führen das Heft mangelhaft. Zu guter Letzt können sich hinter der Rechenschwäche auch motivational-emotionale Hemmungen verbergen, hervorgerufen durch erzieherisches Fehlverhalten (Bloßstellung, Entmutigung), mangelndes Selbstvertrauen, Prüfungsangst und fachliches Desinteresse.

Obwohl die Rechenschwäche genauso häufig vorkommt wie die Lese-Rechtschreibschwäche, existieren keine speziellen Richtlinien für besondere Fördermaßnahmen. Es bleibt der Schule überlassen, durch binnendifferenzierende Maßnahmen oder durch Stütz- und Förderunterricht rechenschwachen Schülerinnen und Schülern zu helfen. Darüber hinaus gibt es zum einen die Möglichkeit der ambulanten Betreuung durch einen Förderschullehrer. Zum anderen bieten sich als Hilfsmaßnahme die klassische Nachhilfe oder eine lerntherapeutische Behandlung an, deren Kosten meist von den Eltern getragen werden müssen. Eine außerschulische Behandlung wird nur dann vom Sozial- und Jugendamt bezahlt, wenn durch ein Gutachten bescheinigt wird, dass eine seelische Beeinträchtigung droht oder vorhanden ist.

Egal, in welcher Form gefördert wird, der Förderung sollte bei gravierender Rechenschwäche eine diagnostische Untersuchung durch eine Beratungslehrkraft oder den Schulpsychologischen Dienst vorausgehen. Diese können abklären, wo der Ursachenschwerpunkt liegt und wo die Förderung ansetzen muss.

Der häufigste Ansatzpunkt in Förderprogrammen ist die Operationsaneignung. Sie beginnt nach Aebli (2006) auf der Handlungsebene, zum Beispiel mit der Rechenmaschine. Als nächste Aneignungsstufe folgt die bildliche Darstellungsebene (Bilderrechnen), die im Rechenunterricht zu wenig Beachtung findet. Ist der Umgang mit Rechenbildern genügend geübt worden, beginnt das Operieren auf der Ziffernebene, was durch Hilfsmittel wie den Zahlenstrahl oder die Hundertertafel wesentlich erleichtert wird. Schließlich folgt das Automatisieren, das dem rechenschwachen Kind anfangs schwerfällt. Wichtig beim Üben ist außerdem, nicht nur Zählaufgaben zu stellen, sondern auch Zahlen zerlegen zu lassen.

Liegt der Ursachenschwerpunkt im Teilleistungsbereich, sind Wahrnehmungstrainings, Speichertrainings, graphomotorische Übungen oder Konzentrationsprogramme angebracht.

Wenn Impulsivität das Lösen von Textaufgaben erschwert, sollte das reflexive Problemlösen eingeübt werden:
1. Was ist gegeben?
2. Was ist gesucht?

3. Lösungsskizze
4. Rechnen
5. Zwischenkontrolle
6. Endkontrolle

Jenen Schülerinnen und Schülern, die Lernstrategiedefizite haben, können wirksame Lern- und Arbeitsstrategien nützlich sein, wozu in der Mathematik vor allem zählen: die frühzeitige Klassenarbeitsvorbereitung, das schriftliche Üben von Lösungsverfahren, das Schließen von Vorkenntnislücken und eine saubere Heftführung. Die Mathematikförderung darf aber nicht nur aus kognitiven Hilfen bestehen, sondern muss den Lernenden auch emotional-motivational unterstützen. Er braucht nämlich viel Ermutigung, und für kleinste Fortschritte positive Verstärkung. Destruktive Kommentare sind auf jeden Fall zu vermeiden. Damit er eine positive Einstellung zur Zahl und zum Rechnen entwickeln kann, sind der Einbau spielerischer Varianten und praktische Alltagsaufgaben förderlich.

Die Prävalenzrate rechenschwacher Schülerinnen und Schüler könnte deutlich gesenkt werden, wenn im Kindergarten und in der Schuleingangsphase mehr Früherkennung und Frühförderung stattfänden. Diese sollten auf jene Vorläuferfertigkeiten ausgerichtet sein, die sich als wichtige Prädiktoren der mathematischen Schulleistung erwiesen haben (Krajewski, 2008; Schneider, et al., 2007). Insbesondere sind das die Mengen-Zahlen-Kompetenzen:
- Ordnen von Objekten in Form einer auf- oder absteigenden Reihe
- Erkennen und Ordnen von Mengen nach ihrer Mächtigkeit
- Vergleichen von Mengen
- Zählfertigkeiten
- Zahlenwissen.

Darüber hinaus wirkt sich auch die Schulung folgender unspezifischer Vorläuferfertigkeiten förderlich auf das Mathematiklernen aus:
- Klassifizieren von Objekten nach Gleichheit, Ähnlichkeit und Verschiedenheit
- Erfassen räumlicher Beziehungen
- Sprachverständnis für relationale und präpositionale Beziehungen (zum Beispiel größer-kleiner, oben-unten)
- Behalten und Wiedergeben von Informationen.

1. Erste pädagogisch-psychologische Hilfe

Werden Kinder mit Trainingsprogrammen wie zum Beispiel «Mengen, zählen, Zahlen» (Schneider et al., 2007) systematisch gefördert, zeigt sich tatsächlich ein deutlicher Kompetenzzuwachs der spezifischen mathematischen Vorläuferfertigkeiten (Krajewski, 2008).

Mathematische Lerntipps für Schülerinnen und Schüler

- Rechne bei Textaufgaben nicht drauflos. Lies den Text zunächst konzentriert. Überlege: Was ist gegeben? Was ist gesucht? Denke den Lösungsweg ruhig durch. Falls es nicht auf Anhieb klappt, probiere die Rechnung mit ganz einfachen Zahlen oder mache einen Überschlag. Veranschauliche dir das, was nicht vorstellbar ist, zeichnerisch. Trenne Haupt- und Nebenrechnungen voneinander. Kontrolliere Zwischenergebnisse. Überprüfe das Endergebnis genau.
- Prüfe regelmäßig, ob die einfachen Kenntnisse und Fertigkeiten sitzen: Rechenfertigkeiten, Konstruktionen, Formeln, Regeln, Abkürzungen und Begriffe.
- Fertige nach einer oder mehreren Klassenarbeiten eine Fehlerstatistik an. Finde heraus, welche Fehlerarten am häufigsten vorkommen. Baue die Fehlerschwerpunkte durch gezieltes Wiederholungslernen ab. Verwende hierfür Lernhilfebücher oder computergestützte Lernprogramme.
- Lege eine Sammlung schwieriger Aufgaben an (Extraheft, Kartei oder Datei). Führe mit diesen Aufgaben vor Klassenarbeiten «Probeprüfungen» durch.
- Führe ein Regelheft. Trage darin Regeln, Zeichnungen, Formeln mit ein bis zwei Beispielaufgaben ein.
- Übe Aufgaben schriftlich – Schritt für Schritt. Beschränke dich nicht aufs Anschauen und Durchlesen.
- Wende die Mathematik außerhalb des Unterrichts praktisch an. Beispiele: die Fläche eines Zimmers ausrechnen, Zinsberechnungen durchführen, einen Verkaufspreis kalkulieren.
- Gestalte Unterrichtsmitschriften übersichtlich: Haupt- und Nebenrechnung voneinander trennen, Teil- und Endergebnisse hervorheben, sauber schreiben und zeichnen.

Materialien für die häusliche Rechenförderung

Hauschka, A.: Textaufgaben 3. Klasse. Lernhilfe mit Lösungen. München: Hauschka 2009.
Hauschka, A.: Textaufgaben 4. Klasse. Lernhilfe mit Lösungen. München: Hauschka 2006.
Krauthausen, G./Wittmann, E. C.: Blitzrechnen 1: Basiskurs Zahlen. Stuttgart: Klett 2006.

> Krauthausen, G./Wittmann, E. C.: Blitzrechnen 2: Basiskurs Zahlen. Karteikarten. Stuttgart: Klett 2006.
> Krauthausen, G./Wittmann, E. C.: Blitzrechnen 3: Basiskurs Arithmetik. Stuttgart: Klett 2006.
> Krauthausen, G./Wittmann, E. C.: Blitzrechnen 4: Basiskurs Arithmetik. Stuttgart: Klett 2006.
> Müller-Wolfangel, U./Schreiber, B.: Duden: Einfach Klasse in Mathematik. Textaufgaben. Übungsblock. Mannheim: Bibliographisches Institut 2009.

Schulschwänzen

Das Fernbleiben vom Schulunterricht ist keineswegs neu, eigentlich so alt wie die Schulpflicht selbst.

Elke Schreiber

Schulpflicht beinhaltet auch und vor allem, dass die Schülerinnen und Schüler pünktlich und regelmäßig den Unterricht besuchen. Gemäß dem Schulgesetz müssen die Eltern für die Einhaltung dieser Verhaltensnorm sorgen. Sind die Schülerinnen und Schüler volljährig, obliegt der Schulbesuch ihrer Selbstverantwortung.

Wenn ein Schüler unerlaubt vom Unterricht fernbleibt, spricht man von Schulschwänzen. Meist geschieht dies ohne Wissen der Eltern. In manchen Fällen unterstützen die Eltern das Fehlverhalten, indem sie es stillschweigend tolerieren oder gar durch das Schreiben von Scheinentschuldigungen aktiv unterstützen.

Zu unterscheiden ist das Schulschwänzen von der Schulangst, bei der auch eine Schulabwesenheit vorkommen kann, diese aber der Schule von den Eltern meist mitgeteilt und begründet wird.

Man schätzt, dass fünf Prozent der Schülerinnen und Schüler häufig die Schule schwänzen (Döpfner/Walter, 2006; Stamm, 2008). Betrachtet man das Schulschwänzen nach der Geschlechtszugehörigkeit, so zeigen Jungen dieses abweichende Verhalten häufiger als Mädchen. Altersspezifische Aufgliederungen lassen deutlich erkennen, dass der Höhepunkt des Schwänzens in den Klassen 8 und 9 liegt. Analysiert man das Problem unter dem Aspekt der Schulart, so sind von ihm Haupt- und Förderschüler am häufigsten betroffen. Gleichzeitig bedeutet dieser Befund auch, dass Schulschwänzer eher aus Elternhäusern mit niedrigem Sozialstatus und Migrationshintergrund stammen.

Was die Intensität des Schwänzens betrifft, unterscheidet man zwischen Gelegenheitsschwänzern und Intensivschwänzern. Bei der zweiten Gruppe ist der Schul- und Ausbildungserfolg in starkem Maße gefährdet. Bei ihnen drohen Verwahrlosung und damit der Verlust von sozialem Halt.

Ausgangspunkt des Schulschwänzens ist häufig eine Misserfolgsserie, in derem Gefolge starke Gefühle der Minderwertigkeit und Schulunlust auftreten. Daraus entsteht ein immer stärker werdendes schulvermeidendes Verhalten. Diese Symptomatik wird häufig durch solche Eltern verstärkt, die der Schulbildung keine besondere Bedeutung beimessen oder ihre Erziehungspflichten generell vernachlässigen. Ungünstig wirkt es sich auch aus, wenn die Schule auf das Fernbleiben nicht konsequent reagiert oder Scheinbegründungen vorschnell akzeptiert. Ein weiterer schulischer Fehler kann darin bestehen, dass man zu wenig nach den Ursachen forscht, den Schulschwänzer pauschal etikettiert und ihm somit den Rest der Schulmotivation nimmt. Schließlich kann das Problemverhalten auch durch Schüler-Schüler-Konflikte verursacht sein. Wenn ein Schüler von der Klasse gemobbt wird, wächst die Wahrscheinlichkeit, dass er irgendwann die Schule nicht mehr besucht, um weitere Kränkungen zu vermeiden.

Das Symptom des Schulschwänzens muss von allen am Erziehungsprozess Beteiligten ernst genommen werden, denn es kann der Beginn einer kriminellen Karriere sein. So geht aus kriminologischen Studien immer wieder hervor, dass sich unter den jugendlichen Straffälligen überproportional viele Schulschwänzer befinden. Die Hauptursache ist, dass diese aufgrund einer tief sitzenden Störung der Gewissensbildung nicht nur Schulnormen ablehnen, sondern auch andere gesellschaftliche Normen missachten.

Um die Symptomatik zu beseitigen und weitere Fehlentwicklungen zu verhindern, reichen Sanktionen allein nicht aus. Es ist zwar wichtig, dass auf das Fehlverhalten mit Normverdeutlichungen und Strafen reagiert wird (zum Beispiel Nachholen des versäumten Unterrichts). Doch mindestens ebenso dringlich sind pädagogisch-psychologische Maßnahmen. An erster Stelle steht ein Konfliktgespräch, zu dem sowohl der Schüler als auch seine Eltern eingeladen werden. Ziel ist es, Ursachen herauszuarbeiten und einen Verhaltenskontrakt zu schließen (Keller, 2010b). Letzteres bedeutet auch, weitere Konsequenzen zu verdeutlichen, die im Falle eines Kontraktbruchs unweigerlich die Folge sein werden (s. unten).

Die nächste Maßnahmenebene ist die Konsultation des Schulpsychologischen Dienstes. Meist ergibt sich aus der Problemanalyse eine beratend-unterstützende Begleitung, deren Ziel die Korrektur von Erziehungsfehlern und der Aufbau einer positiven Schuleinstellung ist. Parallel dazu muss die Schule versuchen, dem Problemschüler durch Ermutigung und Lernförderung zu Erfolgserlebnissen und zu einem positiven Selbstwertgefühl zu verhelfen. Ist die Hauptursache ein Außenseiterproblem, ist die Integration in die Klasse gezielt zu fördern.

Sollten die pädagogisch-psychologischen Interventionen scheitern, kommt man um rechtliche Schritte nicht herum:
- Information an den Allgemeinen Sozialen Dienst des Jugendamts
- Einleitung eines Bußgeldverfahrens über die untere Verwaltungsbehörde
- zwangsweise Zuführung zur Schule durch die Polizei.

Tipps zur schulischen Prävention von Schulschwänzen

- Die Pflicht zum regelmäßigen Schulbesuch wird in der Schulordnung klar formuliert.
- Ebenso unmissverständlich wird darin erklärt, wie Eltern und volljährige Schülerinnen und Schüler ihre Entschuldigungspflicht erfüllen müssen.
- Sowohl Eltern als auch den Schülerinnen und Schülern sind die Konsequenzen bekannt, welche im Falle von Schulversäumnissen die Folge sind.
- Am ersten Unterrichtstag und am ersten Elternabend des Schuljahres erläutert der Klassenlehrer die Präsenzregelung der Schule.
- Die Anwesenheitspflicht wird von allen Lehrpersonen regelmäßig überprüft.
- Schulversäumnisse werden lückenlos dokumentiert.
- Alle Lehrpersonen achten auf Frühwarnzeichen wie Leistungsprobleme, Motivationsstörungen oder Mobbing.
- Durch Einzelgespräche, individuell zugeschnittene Lernförderung und sozialintegrative Maßnahmen wird einer schulabsenten Fehlentwicklung entgegengewirkt.

Selbstverletzendes Verhalten

Wenn ich die Wahl habe zwischen dem Nichts und dem Schmerz, dann wähle ich den Schmerz.

William Faulkner

Selbstverletzendes Verhalten tritt immer stärker als besorgniserregendes Symptom in Erscheinung. Es ist eine wiederholte und absichtliche Schädigung des eigenen Körpers, die sozial nicht erwünscht ist und keine suizidale Absicht beinhaltet (Petermann/Winkel, 2009). Am häufigsten geschieht dies in Form von Hautverletzungen mithilfe von Messern, Rasierklingen, Nadeln, Scheren, Glasscherben, Feuerzeugen oder brennenden Zigaretten. Bevorzugte Körperregionen sind die Unterarme, Handgelenke und Beine.

Man schätzt, dass in Deutschland derzeit 800 000 Menschen dieses Symptom aufweisen. Am häufigsten davon betroffen sind Jugendliche ab 14 Jahren und junge Erwachsene. Das Verhältnis der Geschlechter (weiblich: männlich) liegt bei etwa 5:1.

Als Hauptursache werden affektive Spannungen angenommen, die aus Persönlichkeitsstörungen, posttraumatischen Belastungsstörungen oder anderen psychischen Auffälligkeiten resultieren. Hinzu kommt eine mit Veränderungen im Serotoninstoffwechsel einhergehende Impulskontrollstörung.

Das selbstverletzende Handeln wirkt wie ein «globales Druckventil» (Sachsse, 2009:84), das für Entlastung und Entspannung sorgt. Trotz des schädigenden Eingriffes in den Körper verspüren die Betroffenen nur wenig Schmerzen. Der Mangel an Schmerzempfindungen wird auf die vermehrte Ausschüttung von Endorphinen zurückgeführt, die bei Verwundungen den Menschen vor Schmerzen schützen sollen. Diese körpereigenen Opiate reduzieren das Schmerzempfinden in starkem Maße. Außerdem wird das Gefühl innerer Leere, das zum Störungsbild vieler Selbstverletzer gehört, kompensiert.

Die äußeren Zeichen der Selbstverletzungen werden von der Mehrheit verborgen gehalten. Nur eine Minderheit trägt sie offen oder gar provozierend zur Schau. Wenn Lehrpersonen und Eltern Anzeichen von Selbstverletzung wahrnehmen, kommt es häufig vor, dass sie das Problemverhalten zunächst nicht ernst nehmen oder bewusst übersehen.

Diese defensive Haltung trägt dazu bei, dass die Betroffenen ihr Fehlverhalten wiederholen und es nicht mehr kontrollieren können.

Sollten die Beobachtungen ergeben, dass ein Schüler sich systematisch Selbstverletzungen zufügt, kommt man nicht umhin, ihn vorsichtig und fürsorglich darauf anzusprechen. Bei Minderjährigen ist gleichzeitig auch eine Kontaktaufnahme mit den Eltern erforderlich, um sie zur Inanspruchnahme professioneller Hilfe zu motivieren, falls dies noch nicht geschehen ist. Handelt es sich um einen volljährigen Schüler, sollte man ihn zu einer medizinisch-psychologischen Konsultation auffordern. Falls er sich damit schwertut, ist es ratsam, mit seinem Einverständnis die Eltern zu informieren.

Tipps zum Umgang mit Selbstverletzungsproblemen für Eltern

- Nehmen Sie Selbstverletzungen Ihres Kindes ernst und verstehen Sie diese als Hilferuf.
- Sprechen Sie Ihr Kind darauf vorsichtig, jedoch nicht vorwurfsvoll an und bieten Sie ihm Ihre Hilfe an.
- Sagen Sie Ihrem Kind, dass Sie sich Sorgen machen. Vermeiden Sie Etikettierungen wie «Du bist verrückt».
- Falls sich Ihr Kind zunächst verschließt, setzen Sie es nicht unter Druck. Halten Sie Ihr Hilfeangebot aufrecht und versuchen Sie es erneut.
- Suchen Sie immer wieder das Gespräch mit Ihrem Kind und fragen Sie nach seinem Befinden. Machen Sie ihm deutlich, dass Sie als Eltern für es da sind und es unterstützen.
- Nehmen Sie Kontakt mit Fachleuten auf und holen Sie sich Rat ein. Als erste Anlaufstation kommen in Frage: Kinder- und Jugendarzt, Kinder- und Jugendpsychiater, Schulpsychologischer Dienst, Psychologische Beratungsstelle.
- Vereinbaren Sie einen Beratungs- oder Behandlungstermin, damit eine Problemlösung in Gang kommt.

Sitzenbleiben

Für das Selbstbewusstsein Ihres Kindes ist das Sitzenbleiben eine schwierige Prüfung und die Unterstützung durch die eigene Familie daher sehr wichtig.

Uta Reimann-Höhn

Wenn ein Schüler aufgrund seiner Leistungen in den für die Versetzung maßgebenden Fächern den Leistungserwartungen nicht entspricht, muss er die Klasse wiederholen. Schulrechtlich wird diese Maßnahme als Nichtversetzung bezeichnet, umgangssprachlich als Sitzenbleiben. Im Falle eines mehrmaligen Leistungsversagens (zum Beispiel zweimaliges Nichtbestehen derselben Klasse) hat dies sogar zur Folge, dass der Schüler die momentan besuchte Schulart verlassen muss. Hauptursachen des Sitzenbleibens sind kognitive Überforderung, gravierende Wissenslücken, mangelhaftes Lern- und Arbeitsverhalten und sozial-emotionale Störungen.

Die Sitzenbleiberquote geht seit einiger Zeit kontinuierlich zurück, was im Wesentlichen auf eine humanere Leistungsbeurteilung und rechtzeitigeren Schulartwechsel zurückgeführt wird. In den 1970er Jahren betrug sie 7 Prozent, in den 1980er Jahren 4 Prozent, in den 1990er Jahren 3 Prozent und seit 2000 2,6 Prozent. Die schulartspezifischen Quoten sehen wie folgt aus (Klemm, 2009):

- Realschulen: 5,0 Prozent
- Hauptschulen: 3,9 Prozent
- Gesamtschulen: 2,9 Prozent
- Gymnasien: 2,4 Prozent
- Grundschulen: 1,3 Prozent

Des Weiteren zeigen die Schulstatistiken, dass Jungen vom Sitzenbleiben häufiger betroffen sind und dass der Problemgipfel in den Klassen 8 und 9 liegt.

Den Schulpraktiker interessiert sicherlich, ob die Klassenwiederholung die erhoffte Leistungsverbesserung bringt. Aufgrund kritischer Analysen muss darauf eine eher skeptische Antwort gegeben werden (Klemm, 2009). Man hat zwar nachweisen können, dass diese Maßnahme im Wiederholungsjahr bei der Mehrzahl zu besseren Noten führt. Im darauf folgenden Schuljahr verpufft dieser Wiederholungseffekt schon wieder, und nicht wenige Schülerinnen und Schüler geraten erneut in Versetzungsgefährdung. Das heißt, dass die Maßnahme keine nachhaltigen Fördereffekte erzeugt. Den Kosten von jährlich rund einer Milliarde Euro steht somit ein äußerst geringer Nutzen gegenüber. Dieses Geld wäre in individuelle Lernförderung sicherlich besser investiert.

Aus schulpsychologischer Erfahrungsperspektive ist festzustellen, dass sich das Wiederholen dann positiv auswirkt, wenn das Versagen primär durch Wissenslücken bedingt ist. Die Wahrscheinlichkeit der Leistungsverbesserung sinkt dort, wo kognitive Überforderung oder gravierende Lern- und Arbeitsstörungen die Hauptursache sind. Aus diesen Erkenntnissen folgt, dass die Klassenwiederholung zur Behebung von Leistungsschwierigkeiten nicht generell geeignet ist. Wenn sich Schülerinnen und Schüler im Verlauf eines Schuljahres als nicht versetzungsfähig erweisen, müsste den Eltern eine fundierte Ursachenanalyse empfohlen werden. Diese kann vom Beratungslehrer oder vom Schulpsychologischen Dienst durchgeführt werden. Bestätigt sich die Hypothese einer kognitiven Überforderung, müssen die Eltern zu einem Schulartwechsel motiviert werden. Dieser verhindert, dass der Schüler erneut versagt und infolge des Versagens gravierende emotionale Sekundärstörungen erleidet. Liegt der Ursachenschwerpunkt im Bereich des Lern- und Arbeitsverhaltens, ist eine Änderung der Lernmotivation und Lernmethodik angezeigt (Keller, 2011). Und haben hauptsächlich sozial-emotionale Ursachen das Leistungsversagen verursacht, können psychotherapeutische oder familientherapeutische Interventionen das Problem lösen helfen.

Aber nicht nur Ursachenanalysen sind erforderlich, sondern Leistungsversager benötigen auch in den letzten Wochen des Schuljahres spezielle Unterstützung. Denn es kommt leider immer wieder vor, dass sie von zu Hause weglaufen, Suizidversuche unternehmen oder gar vollziehen. Deshalb muss sich die Schule um diese psychisch gefährdeten Schülerinnen und Schüler kümmern. Die Nichtversetzung sollte nicht auf eine förmliche Art («Blauer Brief») mitgeteilt werden, sondern in Form eines persönlichen Gespräches. Darüber hinaus ist es auch präventiv nützlich, allen Eltern, vielleicht in Form eines Elternbriefes, frühzeitig Tipps an die Hand zu geben (s. Kasten).

Tipps zur Hilfe bei Zeugnisnöten für Eltern

- Es hat keinen Sinn, nicht versetzte Schülerinnen und Schüler zu verdammen. Eine Verdammung ändert an der Situation so gut wie nichts. Ermutigung, Trost und Hilfe sind in der Situation des Versagens die einzig vernünftigen Reaktionen.
- Panik ist ebenfalls fehl am Platz. Ein Schulversager ist nicht automatisch ein Lebensversager. Unser differenziertes Bildungssystem enthält genügend viele Möglichkeiten, um zu einem akzeptablen Schulabschluss zu kommen. Und das Leben birgt noch viele Chancen zur Selbstverwirklichung.
- Um künftigem Misserfolg vorzubeugen, sollte jedoch genauer untersucht werden, ob die derzeit besuchte Schulform den Schüler überfordert. Hilfe bei der Beantwortung dieser Fragen bietet der Beratungslehrer oder der Schulpsychologische Dienst an.
- Falls der Schüler in der richtigen Schule ist und das Schulversagen auf Lernmängel zurückzuführen ist, wäre zu klären, wie das Lern- und Arbeitsverhalten geändert werden kann. Eine bessere Lernplanung, ein gründlicherer Lernstil sowie das Schließen von Stofflücken können in starkem Maße dazu beitragen, gute Begabungen in bessere Schulleistungen umzusetzen.
- Eine weitere Voraussetzung für ein erfolgreiches Schuljahr ist, dass die Eltern über den Leistungsstand ihres Kindes informiert sind. Hierfür ist ein vertrauensvolles Familienklima nötig. Dies bedeutet auch, dass Kinder schlechte Noten angstfrei berichten dürfen. Ist dies nicht möglich, besteht die Gefahr, dass Leistungskrisen verheimlicht und zu spät erkannt werden.
- Zu einer Früherkennung von Leistungskrisen gehört natürlich auch, dass die Eltern den Kontakt zur Schule pflegen. Der Elternabend und Elternsprechtag sollten auf jeden Fall besucht werden. Und es ist dringend zu empfehlen, bei beginnenden Leistungsproblemen möglichst rasch mit der Schule Kontakt aufzunehmen.

Suchtgefährdung

> Es gibt verschiedene Arten der Realität zu entfliehen. Manche Menschen werden Spieler, andere nehmen Drogen, wieder andere wenden sich dem Alkohol zu. Das grundlegende Motiv ist jedoch stets dasselbe: Der durch persönliche Rückschläge und Unzulänglichkeiten verursachte seelische Schmerz soll betäubt werden.
>
> Frank Caprio

Wir leben in einer suchtbelasteten Gesellschaft. Derzeit gibt es in Deutschland 4 Millionen Suchtkranke. Darunter sind 2,5 Millionen Alkoholabhängige, 1,5 Millionen Medikamentenabhängige und 60 000 Drogenabhängige. Die Gesamtzahl der Süchtigen würde sich vervielfachen, wenn man den Suchtbegriff auch auf die Raucher anwenden würde. Angesichts dieses epidemischen Ausmaßes ist es nicht verwunderlich, dass bereits schon Kinder und Jugendliche in die Suchtabhängigkeit geraten. Man geht davon aus, dass 250 000 Jugendliche alkoholabhängig sind und 50 000 drogenabhängig.

Jeder dritte Jugendliche gibt zu, mindestens einmal illegale Drogen probiert zu haben (Ihle, 2008). Bezüglich des Geschlechterverhältnisses ergibt sich bei den männlichen Jugendlichen eine höhere Probierrate. Was die Substanzarten betrifft, steht Cannabis deutlich an erster Stelle.

Suchtprobleme können aus verschiedenen Ursachen resultieren. Manche Erklärungsansätze sehen die Sucht in Zusammenhang mit Defiziten im Gehirnstoffwechsel. Wenn ein davon Betroffener Suchtmittel konsumiert, beseitigen diese das Defizit, rufen positive Gefühle hervor und erzeugen das Verlangen nach erneutem Konsum. Auf einen Teil der Süchtigen scheint dieses biochemische Modell tatsächlich zuzutreffen. Bei der Mehrzahl wird die Sucht jedoch von Faktoren ausgelöst, die in der Persönlichkeit und in der Umwelt der Konsumenten liegen. Zu nennen sind ein hedonistischer Charakter, mangelnde Frustrationstoleranz, Laisser-faire-Erziehung, Familienkonflikte, mangelnde Anerkennung und Ermutigung, schulische und berufliche Misserfolge, Sinnlosigkeitsgefühle und Gruppendruck.

Die Suchtentwicklung beginnt meist mit dem Probierkonsum. Wirkt dieser angenehm und reduziert er psychische Spannungen, wird er wahrscheinlich wiederholt. Bald erfolgt eine Gewöhnung, die über kurz oder lang in eine psychische Abhängigkeit führt. Sie bedeutet, dass man es als unangenehm erlebt, wenn man keinen Alkohol trinkt oder keinen Joint raucht. Die psychische Abhängigkeit geht nach einiger Zeit in eine körperliche Abhängigkeit über. Das heißt, der Stoffwechsel hat sich so sehr auf das Suchtmittel eingestellt, dass im Falle einer Nichteinnahme gravierende Entzugserscheinungen (Zittern, Schweißausbrüche, Übelkeit) auftreten. Um diese schmerzhaften Entzugserscheinungen zu beenden, verlangt der Körper unmissverständlich nach der Droge. Und somit ist der Teufelskreis geschlossen.

Schülerinnen und Schüler können mit sämtlichen Suchtmitteln in Kontakt kommen. Die Probiermöglichkeiten beginnen am häuslichen Kühlschrank und enden in der Szenekneipe. Das Spektrum umfasst:

- Alkoholika
- Cannabisprodukte (Haschisch, Marihuana)
- Schnüffelstoffe
- Amphetamine und deren Derivate (zum Beispiel Ecstasy)
- Kokain
- Barbiturate
- Tranquilizer
- Opiate (Morphium, Heroin)
- Halluzinogene (LSD, DOM)
- Abführmittel
- Schmerzmittel.

Manche Schülerinnen und Schüler konsumieren solche Suchtmittel aus reiner Neugier und lassen es dabei bewenden. Andere, momentan noch eine Minderheit, geraten auf dem bereits beschriebenen Weg in die Suchtabhängigkeit. Nicht selten ist diese so gravierend, dass die Abhängigen stehlen, rauben und sich prostituieren, um den Drogenkonsum finanzieren zu können.

Im Kampf gegen Drogenabhängigkeit und Sucht darf der Schule nicht zu viel zugemutet werden. Ihre Einflussmöglichkeiten liegen hauptsächlich im Bereich der *Prävention* (Schlömer, 2008). Sie kann die Suchtproblematik im Unterricht thematisieren, indem sie über Drogen, deren Wirkungen und Folgen informiert. Des Weiteren kann sie aufzeigen, wie man Konflikte und Probleme ohne Betäubung löst. Und nicht zuletzt gehört zur Prävention die Aufklärung darüber, wie man eine beginnende

Suchtentwicklung durch die Konsultation von Suchtberatungsstellen in den Griff bekommt. In solche präventiven Aktionen sollten unbedingt die Eltern einbezogen werden.

Vorbeugend wirkt es sich auch aus, wenn die Schule sich um schulschwierige Schülerinnen und Schüler rechtzeitig kümmert und ihnen gegebenenfalls psychologische Hilfen vermittelt. Denn nicht wenige benutzen Suchtmittel zur Bewältigung von Schulfrustrationen. Schließlich sind auch Lebenskompetenztrainings suchtpräventiv, die Kinder und Jugendliche psychisch stark und standfest machen (Silbereisen/Weichold, 2010). Als Beispiel hierfür sei Lions-Quest genannt und empfohlen (Wilms/Wilms, 2009).

Die verschiedenen Vorbeugeaktivitäten muss die für Suchtprävention zuständige Lehrperson initiieren und koordinieren. Die präventive Arbeit wird ihr sicherlich leichter fallen, wenn sie mit den Suchtberatungsstellen und Hilfeeinrichtungen ihres Einbezugsbereichs intensiv kooperiert. Und förderlich wird es für sie auch sein, wenn sie vom Kollegium und der Schulleitung wirksam unterstützt wird.

Wenn trotz intensiver Vorbeugung ein Schüler in eine Abhängigkeitsentwicklung gerät oder bereits abhängig ist, sollte die Schule ihn bei der Konsultation einer Suchtberatungsstelle oder eines Facharztes unterstützen.

Besteht hinreichender Verdacht, dass auf dem Schulgelände Drogen gehandelt oder gar konsumiert werden, ist die Einschaltung der Polizei dringend erforderlich.

Tipps zum Umgang mit Drogenproblemen in der Schule

- Beobachten Sie Ihre Schülerinnen und Schüler sensibel und genau. Achten Sie auf mögliche Anzeichen wie völliger Leistungseinbruch, Rückzug, Apathie, depressive Äußerungen, Händezittern, gerötete Augen oder Einstichstellen.
- Besprechen Sie Ihre Beobachtungen mit Kolleginnen und Kollegen. Unterscheiden Sie dabei zwischen Fakten und Vermutungen.
- Verdichten sich Ihre Vermutungen, setzen Sie sich mit der für Suchtfragen zuständigen Lehrperson in Verbindung. Überlegen Sie gemeinsam die weiteren Schritte.
- Führen Sie (oder Ihr Suchtberatungslehrer) mit dem Schüler ein einfühlsames Gespräch. Teilen Sie Ihre Beobachtungen mit. Hören Sie aktiv zu, indem

Sie der betroffenen Person helfen, das mögliche Drogenproblem zu verbalisieren.
- Motivieren Sie im Falle einer Bestätigung Ihrer Vermutung den Jugendlichen zur Konsultation eines Fachdienstes. Bieten Sie Ihre Hilfe und Vermittlungstätigkeit an.
- Ist der Jugendliche minderjährig, beziehen Sie die Eltern in alle weiteren Schritte ein. Nehmen Sie aber erst Kontakt mit den Eltern auf, wenn Sie den Jugendlichen darüber informiert haben.
- Schlagen Sie die Konsultation einer Suchtberatungsstelle vor. Ist in Ihrem Einzugsbereich ein solcher Fachdienst nicht vorhanden, empfehlen Sie eine Erziehungs- oder Jugendberatungsstelle.
- Haben die betroffene Person und deren Eltern Schwellenängste, nehmen Sie mit deren Genehmigung Kontakt mit dem Beratungsdienst auf und vereinbaren Sie einen Ersttermin.
- Führen Sie später eine Erfolgskontrolle Ihrer Maßnahme durch. Leider kommt es immer wieder vor, dass die Betroffenen die Konsultation letztlich meiden.
- Verschärft sich trotz Ihrer Motivierungen und Hilfen das Problem, sollte in Absprache mit der Schulleitung eine deutliche Grenzziehung vorgenommen werden.
- Liegt eine erhebliche Gefährdung anderer Schülerinnen und Schüler vor, ist die Einschaltung der externen Normkontrolle (zum Beispiel Polizei) unvermeidlich.

Suizidgefährdung

Der Selbstmord ist ein Nein auf die Sinnfrage.

Viktor E. Frankl

Suizid ist die absichtliche Vernichtung des eigenen Lebens. In Deutschland gibt es pro Jahr durchschnittlich 10000 Suizide und 400000 Suizidversuche. Die registrierte Suizidrate entspricht nicht der tatsächlichen. Hinzuaddiert werden müssen die maskierten Suizide (Verkehrsunfälle, «goldener Schuss» bei Süchtigen).

Bei Jugendlichen ist der Suizid die zweithäufigste Todesursache nach Verkehrsunfällen (Schmidtke/Schaller, 2008). Beim Suizid beträgt das Verhältnis männliche zu weibliche Jugendliche 3:2, beim Suizidversuch 1,5:3. Achtzig Prozent aller suizidalen Handlungen werden vorher angekündigt. Den Suizidversuch innerhalb von zwei Jahren wiederholen

25 Prozent der Suizidenten. Am häufigsten versucht oder vollzogen wird der Suizid durch die Einnahme von Medikamenten und Erhängen. Die meisten Suizide und Suizidversuche gibt es im Alter zwischen 15 und 20 Jahren. Häufigste Suizidmotive sind Konflikte mit den Eltern bzw. familiäre Konflikte, Liebeskummer und Schulprobleme (Leistungsversagen, Mobbing).

Ein Suizid geschieht selten spontan, sondern er entwickelt sich. Man unterscheidet folgende Entwicklungsstadien:
- Erwägung: Sie wird oft gefördert durch ähnliche Problemlösemodelle in der familiären oder medialen Umwelt.
- Abwägung: Es herrscht eine starke Ambivalenz zwischen konstruktiven und destruktiven Tendenzen, zwischen Leben und Sterbenwollen. Daraus resultiert eine Fazittendenz: entweder in Richtung Suizid oder in Richtung Beendigung der Absicht.
- Entschluss: Falls sich die Fazittendenz in Richtung Suizidhandlung bewegt, wird der Suizid gezielt vorbereitet. Der Entschluss wird oft geheim gehalten, nicht selten bleibt der Jugendliche nach außen ruhig.

Das präsuizidale Syndrom umfasst drei markante Merkmale:
1. Einengung des Denkens (keine Bezugspunkte außerhalb des eigenen depressiven Gedankenkreises)
2. grenzenlose Erbitterung und gehemmte, gegen die eigene Person gerichtete Aggression
3. konkrete Fantasien: zum Beispiel Betrauert-Werden am Grab.

Auffallende Veränderungen und suizidale Äußerungen müssen vom familiären und schulischen Umfeld ernst genommen werden. Das Hoffen auf Stimmungsänderungen oder Appelle lösen das Problem nicht. Depressive Jugendliche brauchen einen verständnisvollen Ansprechpartner, der sie so, wie sie sich momentan fühlen, akzeptiert und ihnen eine beratend-therapeutische Hilfe vermittelt. Falls sich die gefährdete Person schon in Behandlung befindet, sollte der jeweilige Arzt oder Therapeut informiert werden. Neben der Krisenintervention durch den Fachmann muss über folgende Zusatzmaßnahmen nachgedacht werden:
- Beseitigung einer schulischen Überforderungssituation
- Lösung einer familiären Konfliktsituation
- Bearbeitung einer sozialen Außenseitersituation.

Zur primären Prävention von Suizid kann die Schule beitragen, wenn sie dieses Entwicklungsproblem thematisiert und Schülerinnen und Schüler zur konstruktiven Bewältigung von Gefühls- und Lebensproblemen anleitet. Darüber hinaus ist allen Klassenlehrerinnen und Klassenlehrern zu empfehlen, mit «stillen», in sich gekehrten Schülerinnen und Schülern Befindensgespräche zu führen. Dadurch wird es möglich, depressive Fehlentwicklungen rechtzeitig zu erkennen und helfende Schritte einzuleiten. Schließlich sollte man sich in Zeugniszeiten ganz speziell um Schulversager kümmern, indem man ihnen emotionale Hilfen anbietet und gemeinsam mit ihnen und ihren Eltern nach Auswegen sucht.

Tipps zum Umgang mit Suiziddrohungen für Eltern

- Nehmen Sie auffällig depressive Stimmungsäußerungen und Suiziddrohungen ernst. Die Volksweisheit «Wer vom Selbstmord spricht, tut es nicht» trifft nicht zu. Achtzig Prozent der Betroffenen haben den Suizid zuvor angekündigt.
- Da hinter jeder Andeutung und Androhung ein Hilferuf steckt, sind Sie zum Helfen verpflichtet.
- Sagen Sie Ihrem Kind, dass Sie seine Traurigkeit verstehen können. Teilen Sie Ihm gleichzeitig mit, dass Sie zusammen mit ihm das Problem bewältigen möchten.
- Verdeutlichen Sie die Botschaft, dass Probleme dazu da sind, gelöst zu werden.
- Ermutigen Sie Ihr Kind, das auszudrücken, was es bedrückt. Hören Sie einfühlend und verständnisvoll zu. Helfen Sie ihm beim Versprachlichen seiner Gefühle, indem Sie das ihn Bedrückende nochmals in eigenen Worten zusammenfassen.
- Vermeiden Sie es, zu moralisieren: «Das darfst du uns nicht antun!». Erteilen Sie keine suggestiven Ratschläge: «Denk nicht mehr daran, dann wird es dir besser gehen!»
- Bringen Sie auch Ihre Ängste und Sorgen zum Ausdruck. Sagen Sie Ihrem Kind, wie es Ihnen mit seinen Andeutungen und Drohungen geht.
- Sprechen Sie auch mit Angehörigen, Freundinnen und Freunden über das Problem. Indem Sie sich mitteilen, entlasten Sie sich. Möglicherweise wissen Ihre Bezugspersonen wirksame Hilfen und Auswege.
- Lässt sich das Problem familiär nicht bewältigen bzw. ist der Zustand ihres Kindes sehr ernst, nehmen Sie externe Hilfe in Anspruch. Sehr zu empfehlen ist die Konsultation kinder- und jugendpsychiatrischer Praxen oder Ambulanzen.

Unterrichtsstörungen

Die meisten Unterrichtsstörungen sind Signale des Schülers, die etwas mitteilen wollen.

Rainer Winkel

Unterrichtsstörungen haben sich in Lehrerbelastungsstudien als die gravierendsten Stressoren erwiesen (Rothland, 2007). Wird eine Lehrperson ständig mit Verhaltensauffälligkeiten konfrontiert, beispielsweise in schwierigen Klassen sozialer Brennpunktschulen, wird ihre Arbeit zur seelischen Schwerarbeit.

Im Erscheinungsbild von Unterrichtsstörungen dominieren derzeit folgende Fehlverhaltensweisen:
- verbale Aktivitäten (Schwätzen, Hereinreden, Schreien)
- motorische Unruhe (Schaukeln, Spielen, Umherlaufen)
- Aggressionen (insbesondere verbale Entgleisungen)
- geistige Abwesenheit (Tagträumen, Schlafen, stofffremde Tätigkeiten)
- Verweigerung (keine Mitarbeit, keine Hausaufgaben).

Die schulpsychologischen Fallanalysen weisen auf ein sehr vielschichtiges Ursachenbild hin. Es ist zusammengesetzt aus entwicklungspsychologischen, familiären, schulischen und gesellschaftlichen Faktoren, die im Folgenden näher beschrieben werden.

Entwicklungsverletzungen

Einer schulischen Verhaltensstörung können seelische Traumen zugrunde liegen, die sich in den ersten Kindheitsjahren in die Psyche einkerben. Typische Traumen sind Ablehnung, Misshandlung und Verstoßung. Zur Kompensation dieser Verletzungen und Kränkungen bilden sich häufig Fehlverhaltensweisen heraus, deren unbewusste Botschaften (private Logik) aus tiefenpsychologischer Sicht lauten:
- «Störe, sonst wendet man sich dir nicht zu!»
- «Übe Rache, wenn du verletzt worden bist!»
- «Kämpfe um die Macht, sonst bleibst du ohnmächtig!»
- «Stelle dich blöd, dann lässt man dich in Ruhe!»

Folgen der seelischen Traumen sind nicht nur Fehlverhaltensweisen, sondern auch Moralentwicklungsstörungen. Das heißt: Aufgrund des zerstörten Urvertrauens sind die Kinder nicht bereit, sich mit den Bezugspersonen zu identifizieren und deren Werte zu verinnerlichen. Entwicklungsverletzte Kinder und Jugendliche geraten dann mit Lehrpersonen in Konflikt, wenn diese sie an problematische Autoritätspersonen erinnern. Auslöser für diese Übertragung können sein: Geschlecht, Status, Hautfarbe, Gestik, Mimik, Stimme, Körpergröße, Körpergestalt, Meinungen, Einstellungen und Verhalten. Infolge eines solchen Übertragungsprozesses gestalten sich die Beziehung und Kommunikation schwierig.

Aktuelle Entwicklungskrisen (Pubertät)
Besonders negativ auf das schulische Disziplinverhalten kann sich die Pubertät auswirken. Der seelisch-biologische Wandel, Misserfolge in der Schule, soziale Ablehnung sowie Identitätsschwierigkeiten erzeugen seelische Spannungen, die sich aggressiv oder depressiv ausdrücken können. Ebenso nimmt die Abneigung gegen Fremdbestimmung und Appelle zu («Appellallergie»). Eine weitere Folge der Pubertät ist der Rückgang der Leistungsbereitschaft. Viele Jugendliche möchten jetzt das tun, was ihnen Spaß macht. Schließlich wird der Moral- und Normkodex der Erwachsenen kritisch hinterfragt. Manche überschreiten ganz bewusst die gesetzten Grenzen. Solche Grenzüberschreitungen verschärfen sich dort, wo Jugendliche unter den Konformitätsdruck und die Einflussmacht von Cliquen, Banden, Sub- und Gegenkulturen geraten und unter Zwang Fehlverhalten produzieren.

Neurobiologische Beeinträchtigungen
Prä-, peri- und postnatal entstandene Hirnschädigungen, genetisch bedingte Hirnfunktionsstörungen, Umweltgifte, Alkohol- und Drogenkonsum können die Affekt- und Verhaltenssteuerung so stark beeinträchtigen, dass Unterrichtsstörungen die Folge sind. In diesem Ursachenbereich kommt das Aufmerksamkeits-Defizit-Syndrom (ADS) am häufigsten vor (vgl. Kap. 1). Besonders auffällig sind Schülerinnen und Schüler, die dem ADS-Subtyp ADHS (Aufmerksamkeitsdefizit-/Hyperaktivitätsstörung) angehören. Dieser ist gekennzeichnet durch Hyperaktivität und eine gestörte Impulskontrolle.

Aktuelle Familienprobleme

Etwa 35–40 Prozent der Ehen werden über kurz oder lang von Krisen erfasst. Dies löst bei Kindern, die naturgemäß ein starkes Harmoniebedürfnis aufweisen, schwere psychische Spannungen aus, die in Form von Fehlverhalten zum Ausdruck gebracht werden. Darüber hinaus produzieren Kinder aus Problemfamilien bewusst oder unbewusst Verhaltensstörungen, um auseinanderstrebende Eltern zusammenzuhalten. Ist die Familie endgültig zerbrochen, kann sich die Alleinerziehersituation entwicklungsstörend auswirken. Entwicklungsstudien zeigen signifikante Beziehungen zwischen dem Fehlen des Vaters bzw. der Überforderung der Mutter und der Zunahme von schulischen Verhaltensproblemen.

Familiäre Erziehungsfehler

Auch in Familien, die strukturell in Ordnung sind und momentan keine gravierende systemische Störung aufweisen, können kindliche Verhaltensstörungen entstehen, und zwar aufgrund von Erziehungsfehlern:

- verwöhnend-permissive Erziehung: Die Eltern erlauben zuviel, setzen keine Grenzen und legen keinen Wert auf das Gleichgewicht von Leistung und Gegenleistung.
- inkonsistente Erziehung: Der elterliche Erziehungsstil pendelt zwischen Härte und Verwöhnung, die Kinder wissen nicht, wie sie sich verhalten sollen.
- inkonsequente Erziehung: Für den Fall, dass ein Fehlverhalten erneut auftritt, wird eine Konsequenz angedroht. Überschreitet das Kind dann doch die Grenze, bleibt die Konsequenz aus. Es wird allerhöchstens geschimpft.
- vernachlässigende Erziehung: Die Kinder wachsen sich selbst überlassen auf. Die materiellen Bedürfnisse werden zwar meist befriedigt, die Kinder bleiben jedoch seelisch unterernährt.
- strafend-unterdrückende Erziehung: Die Eltern setzen zu enge Grenzen, sie sind kaltherzig und lieblos und wenden harte körperliche und seelische Strafen an.

Schulische Fehler

Der häufigste schulische Störungsbeitrag ist der Mangel an Normverdeutlichung, Grenzziehung und systematischer Verhaltenssteuerung. Parallel hierzu lässt sich eine zweite Ursachenquelle erkennen: die Unfähigkeit zum pädagogischen Konsens. Das heißt, dass sich ein Klassenteam oder ein Kollegium nicht auf ein Minimum an Verhaltenserwartungen einigen kann bzw. möchte. Was beim Lehrer X erlaubt ist, wird beim Lehrer Y sanktioniert. Des Weiteren fällt immer wieder auf, dass in Disziplinkonfliktsituationen Konsequenzen angedroht, aber letztlich nicht realisiert werden, was aus Schülersicht die Einladung zur nächsten Störung ist. Auch das ständige Appellieren und Schimpfen ist ein Merkmal unwirksamer Verhaltenssteuerung.

Ebenso störungsverursachend ist es, wenn eine Lehrperson Schülerinnen und Schüler durch Killerbotschaften kränkt und entmutigt. Wer kränkt, muss damit rechnen, dass er dies in Form von Gegenaggressionen zurückbekommt. Störungen treten auch dort häufiger auf, wo wenig Beziehungspflege stattfindet und das soziale Lernen vernachlässigt wird. Schließlich ist schlechter Unterricht ein Störungsverursacher. Zu nennen sind:

- mangelhafte Unterrichtsplanung und Unterrichtsdurchführung
- zu wenig Formwechsel/Mangel an schüleraktiven Arbeitsformen
- zu wenig Spannungsmomente/Aufmerksamkeitsweckung
- leistungsmäßige Über- oder Unterforderung.

Gesellschaftliche Einflüsse

Leider gibt es zwischen den gesellschaftlichen Gruppen kaum noch einen Wertkonsens. Was ein positives Sozialverhalten ist, wird sehr unterschiedlich und sehr beliebig definiert. Dies erschwert die Gewissens- und Verhaltensentwicklung der Heranwachsenden in starkem Maße. Eine weitere Ursache von Störverhalten liegt im Gewaltverhalten, das Kindern täglich real und medial vorgelebt wird. Nicht zuletzt sind unsere Schüler ein ehrlicher Spiegel des hektischen Lebensstils. Unsere Gereiztheit und Unruhe spiegelt sich in ihrem Verhalten wider. Diese Gereiztheit wird dort noch gesteigert, wo in Wohnungen und Wohngebieten Dichtestress herrscht und es gleichzeitig an aktiven Freizeitangeboten mangelt. Ganz besonders ist dies in sozialen Brennpunktgebieten der Fall.

Die Pädagogische Psychologie hat in den letzten Jahrzehnten *Methoden der Verhaltenssteuerung* entwickelt, die der Lehrperson die Erziehungsarbeit im Klassenzimmer erleichtern und sein Repertoire erweitern helfen können (Molnar/Lindquist, 2009; Nolting, 2009; Keller, 2010a). Die wichtigsten direkten Interventionsmöglichkeiten werden nun synoptisch dargestellt. Es sind keine Patentrezepte. Bei einem Schüler nützen sie, beim anderen nicht. Je mehr solcher Strategien sich im Repertoire befinden, desto flexibler kann man in Störsituationen reagieren:

Ignorieren Es wirkt nur bei leichten Normverstößen und nur dann, wenn der Störer von der Klasse nicht verstärkt wird. Möglich ist es auch, die Störung zu ignorieren und den Störer später für ein Positivverhalten zu loben.

Appellieren Je präziser und konkreter ein Appell formuliert wird, desto wirksamer ist er. Im Appell muss das Zielverhalten verdeutlicht werden. Außerdem sollte man den sprachlichen Appell durch körpersprachliche Signale verdeutlichen:
- Stimme (Heben oder Senken der Stimme, plötzliches Schweigen)
- Blick (mit den Störern Blickkontakt aufnehmen)
- Mimik (ernstes Gesicht)
- Gestik (mit hochgehaltener Hand um Ruhe bitten)
- Körperdistanz (auf den Unruheherd zugehen)
- Körperstellung (sich der Klasse mit dem ganzen Körper zeigen).

Grenzziehung I (Warnung, Tadel) Viele Schülerinnen und Schüler haben ein unfertiges, außengesteuertes Regelbewusstsein. Deshalb brauchen sie Warnsignale und kritische Rückmeldungen. Im ersten Stadium einer Störung kann die Grenzziehung noch mit einem Verständnis für das Fehlverhalten gekoppelt sein, im zweiten sollte eine Konsequenz angedroht werden.

Grenzziehung II (Strafe) Bei wiederholten oder gravierenden Normverletzungen kommt man um eine Strafe nicht herum. Sie sollte dem Fehlverhalten möglichst unmittelbar folgen, ihm angemessen sein, eine Begründung enthalten und das Ehrgefühl des Störers nicht verletzen.

Ich-Botschaft (Lehrperson ist der Problembesitzer) Statt zu appellieren und zu strafen, kann man auch die eigene emotionale Betroffenheit zum Ausdruck bringen: «Deine Unpünktlichkeit ärgert mich.»

1. Erste pädagogisch-psychologische Hilfe 73

Aktives Zuhören (Schüler ist der Problembesitzer) Die Lehrperson hört das emotional Wichtige aus einem Fehlverhalten heraus und bringt es sprachlich zum Ausdruck: «Nicht wahr, dir fällt es heute schwer, aufzupassen.»

Ermutigen Dem Störer wird das Gefühl vermittelt, dass man trotz seiner Schwierigkeiten an seine Besserung glaubt: «Wie kann ich dir helfen?»

Deuten Die unbewussten Ziele, die hinter dem Fehlverhalten stecken, werden dem Störer verdeutlicht: «Kann es sein, dass du mir eins auswischen wolltest?»

Umdeuten Verhaltensprobleme können ertragbarer werden, wenn man sie in einen neuen Bezugsrahmen stellt: «Der Schüler, der immer hereinredet, scheint an meinem Unterricht sehr interessiert zu sein.»

Positive Motivzuschreibung Einem Fehlverhalten wird der Wind aus den Segeln genommen, indem man ihm ein positives Motiv unterstellt: «Ihr habt euch zum Streiten gern.»

Positive Funktion erkennen Ein Negativverhalten wird zu einem wichtigen Änderungssignal: «Sobald sich Unruhe ausbreitet, ändere ich die Unterrichtsform.»

Durch die Hintertür stürmen Der Problemschüler wird für ein Positivverhalten vor der ganzen Klasse gelobt, was die Beziehung zu ihm stark verändern und seinem Negativverhalten Störungsenergien entziehen kann.

Schweizer-Käse-Prinzip Man starrt nicht auf das, was problematisch an einem Schüler ist (die Löcher), sondern sucht gezielt nach Ausnahmen (den Käse).

Änderungsehrgeiz anstacheln Man fragt den Störer, ob er sich eine Änderung zutraut, wobei das Änderungsziel bewusst bescheiden definiert wird: «Schaffst du es, während einer Stunde pro Woche unauffällig zu bleiben?»

Symptomverschreibung Man fordert den Störer auf, das Fehlverhalten fortzusetzen, jedoch in abgewandelter Form: «Du darfst bei mir schwätzen, jedoch nur in den ersten fünf Minuten.»

Die Aneignung der soeben beschriebenen Strategien gelingt leichter, wenn sie im Tandem mit einer anderen Lehrperson erlernt, erprobt und reflektiert werden. Konkrete Anleitungen hierzu enthält das Konstanzer Trainingsmodell KTM (Humpert/Dann, 2001).

Sich immer wieder ereignende, durch direkte Interventionen nicht bewältigbare Unterrichtsstörungen bedürfen einer systematischen Konfliktlösung. Systematisch heißt, dass den Ursachen gezielt auf den Grund gegangen und die Konfliktlösung schrittweise durchgeführt wird. Beides, sowohl die Ursachenanalyse als auch die Lösung, sollte kooperativ im Lehrerteam geschehen. Der naheliegendste Kooperationsort ist die Klassenkonferenz. Als Moderator kommt der Klassenlehrer in Frage. Folgendes Stufenmodell kann ihm dabei nützlich sein (Becker, 2006).

1. Problembeschreibung: Wie sieht die Unterrichtsstörung aus Sichtweise der einzelnen Lehrpersonen aus?
2. Hypothesenbildung: Welche Ursachen kommen in Betracht?
3. Zielsetzung: Was muss sich kurz-, mittel- und langfristig ändern?
4. Lösungsentwurf: Durch welche Maßnahmen kann das Störverhalten abgebaut werden?
5. Realisierung: Wer muss wann was tun?
6. Erfolgskontrolle: Wann werden die Änderungsmaßnahmen bilanziert?
7. Weiterverweisung: Wer kann im Falle einer misslungenen Konfliktlösung weiterhelfen?

Bevor an Beratungsdienste und therapeutische Fachleute weiterverwiesen wird, soll auf jeden Fall ein solcher pädagogischer Lösungsversuch unternommen werden. Wichtig dabei ist, die Eltern des Störers miteinzubeziehen.

Ein nicht geringes Maß an Unterrichtsstörungen kann dadurch abgebaut werden, dass pädagogisch-psychologische Erkenntnisse zur Entstehung von Disziplinkonflikten in die Erziehungs- und Unterrichtsarbeit vorbeugend umgesetzt werden. Die *Störungsprävention* beginnt mit dem Aufbau eines guten Klassenklimas. Dieses entsteht allerdings nicht von selbst, sondern bedarf intensiver Gesprächsarbeit. Vor allem der Klassenlehrer sollte immer wieder sowohl mit der Klasse als auch mit einzelnen Schülerinnen und Schülern Gespräche führen, in denen die Wünsche, Bedürfnisse und Sorgen zum Ausdruck gebracht werden können. Fürs Klassenklima förderlich ist auch, wenn die Klasse regelmäßig Gelegenheit zu Gruppen- und Gemeinschaftserlebnissen bekommt, angefangen vom Klassenfest bis hin zum Schullandheimaufenthalt. Zusätzlich zur Klimapflege sollte das soziale Lernen frühzeitig und gezielt gefördert werden (vgl. Kapitel 2). Am Beispiel täglicher Beziehungen und Begegnungen können Spielregeln des Miteinanders besprochen und geübt werden. Ein Ziel des sozialen Lernens sollte auch sein, kontaktängstliche und sozial unsichere Schüler in die Klasse zu integrieren. Ansonsten wachsen Außenseiter heran, die sich irgendwann durch Verhaltensauffälligkeiten bemerkbar machen. Präventive Wirkungen sind immer auch von einer positiven pädagogischen Grundhaltung zu erwarten. Dies bedeutet, dass der Lehrer einzelne Schülerinnen und Schüler sowie die ganze Klasse für positives Verhalten und für die Erreichung von Lernzielen systematisch verstärkt. Außerdem ist darunter zu verstehen, dass Schülerinnen und Schüler in Misserfolgssituationen nicht verdammt, sondern ermutigt werden. Es sollte möglichst vermieden werden, sie vor der Klasse lächerlich zu machen, zu demütigen und in ihrem Selbstwertgefühl zu verletzen. Gekränkte Schülerinnen und Schüler tendieren dazu, sich für psychische Verletzungen zu rächen.

Ebenso wichtig für den Abbau von Disziplinkonflikten ist das Ringen um einen pädagogischen Grundkonsens. Es ist dringend notwendig, dass unter Regie des Klassenlehrers zu Beginn des Schuljahres geklärt wird, welche Verhaltensweisen von den Schülerinnen und Schülern in Form von Regeln erwartet und eingefordert werden. Dies soll nicht als Gleichstellung der Lehrerpersönlichkeiten missverstanden werden, sondern als pädagogische Abstimmung im Sinne von Rutter et al. (2010). Der Grundkonsens sollte während des Schuljahres immer mal wieder gemeinsam überprüft werden. Ebenfalls präventiv wirkt sich ein guter Unterricht aus. Dieser beginnt mit einer gründlichen Unterrichtsvorbereitung, die sich in einer guten Unterrichtsstruktur niederschlägt. Vorteil ist dabei, dass die Sinnesorgane des Lehrers frei werden für das Verhaltensgeschehen in der Klasse. Hat er diese Struktur nicht, verwendet er viel Energie auf das spontane Planen der nächsten Schritte, was

die Unterrichtsführung erschwert. Hinzu kommen Strategien des wirksamen Lehrens:
- klare Arbeitsaufträge, um unnötige Unruhe zu vermeiden
- Handlungsorientierung, um dem Tätigkeitsdrang der Schülerinnen und Schüler zu entsprechen
- Form- und Tätigkeitswechsel, um die Konzentration aufrechtzuerhalten
- regelmäßige Rückmeldungen, um der Klasse das Gefühl des Vorwärtskommens zu vermitteln
- Überleitungen zwischen den Unterrichtsphasen, um einen flüssigen Unterrichtsablauf zu gewährleisten
- häufiges Fragenstellen, um die Unterrichtsbeteiligung zu fördern
- Anknüpfung an den Erfahrungen der Schülerinnen und Schüler, um Aufmerksamkeit zu wecken.

Schließlich tragen zur Störungsprävention auch positive Rituale bei. Die Begrüßung am Unterrichtsbeginn, das höfliche Bitten, das Sich-Melden, die Verabschiedung am Unterrichtsende gehören zu jenen hilfreichen Ordnungen, die uns entlasten und das Zusammenleben erleichtern. Der Mensch braucht Selbstverständlichkeiten und Gewohnheiten, um nicht durch permanente Unsicherheit frustriert zu werden.

Unterrichtliche Führungstipps

- Verdeutlichen Sie von Beginn an Grundregeln, ziehen Sie klare Grenzen, erklären Sie den Schülern, warum diese notwendig sind.
- Reagieren Sie bei gravierenden Grenzüberschreitungen konsequent.
- Ignorieren Sie kleinere Störungen oder senden Sie mit nicht-sprachlichen Botschaften (zum Beispiel mit Handsignalen) Warnsignale.
- Sprechen Sie bei aufkommender Unruhe leiser, stellen Sie Blickkontakt mit den Störenden her und gehen Sie auf die Störquelle zu.
- Verteilen Sie die Aufmerksamkeit gleichmäßig, wechseln Sie immer mal wieder den Standort.
- Binden Sie auffällige Schülerinnen und Schüler in Tätigkeiten ein, delegieren Sie ihnen Aufgaben.
- Achten Sie auf das Gleichgewicht zwischen anspannenden und entspannenden Unterrichtsphasen.
- Formulieren Sie Arbeitsaufträge klar und teilen Sie diese deutlich mit.
- Loben Sie den einzelnen Schüler und auch die Klasse für erwünschtes Verhalten.

- Formulieren Sie Kritik so, dass der Schüler in seinem Ehrgefühl nicht verletzt wird.

Spezielle Tipps zur Förderung von ADHS-Kindern im Unterricht

- Berücksichtigen Sie immer, dass gravierend aufmerksamkeitsgestörte Kinder nicht aus Aggressionslust stören, sondern weil sie sich aufgrund eines neurogenen Problems nicht steuern können.
- Reduzieren Sie Ablenkungen auf ein Mindestmaß und sorgen Sie vor allem dafür, dass das Kind möglichst vorn in Ihrer Nähe sitzt und auf seiner Tischfläche nur aktuell notwendige Lern- und Arbeitsmittel liegen.
- Geben Sie klare und kurze Arbeitsanweisungen. Wiederholen Sie diese gegebenenfalls oder fordern Sie das Kind auf, diese zu wiederholen.
- Gliedern Sie den Lehr-Lern-Prozess in kurze und überschaubare Arbeitsschritte mit Verschnaufpausen dazwischen.
- Achten Sie darauf, dass viele aufmerksamkeitsgestörte Kinder in den großen Pausen und im Sportunterricht in ausreichendem Maße ihren Verhaltensüberschuss loswerden können.
- Unterbrechen Sie Störverhalten ruhig und klar durch kurze verbale Botschaften («Stopp Steffen») und nonverbale Signale (zum Beispiel Blickkontakt, Signalkarten).
- Verstärken Sie positives Verhalten und auch noch so kleine Verhaltensfortschritte systematisch durch Lob.

2 Primäre pädagogisch-psychologische Prävention

Ein Lot Vorbeugung ist besser als ein Pfund Heilung.

Englisches Sprichwort

Viele Schulprobleme ereignen sich in den Bereichen des Lern- und Sozialverhaltens. Ein Gutteil davon könnte verhindert oder zumindest gemindert werden durch eine präventiv ausgerichtete Erziehungs- und Unterrichtsarbeit. Das heißt, dass nicht nur Wissen vermittelt wird, sondern dass Lern- und Sozialverhalten systematisch und kontinuierlich gefördert werden. Die Erledigung dieser präventiven Kernaufgaben beugt nicht nur Störungen der Lern- und Verhaltensentwicklung vor, sondern sie unterstützt auch den Aufbau von Schlüsselqualifikationen. Und dies sind vor allem die Lernkompetenz und die Sozialkompetenz (Keller/ Hitzler, 2005).

Förderung des Lernverhaltens

Überfüttert eure Schüler nicht mit Fischen, sondern bringt ihnen das Angeln bei.

Gregory Bateson

Das Intelligenzpotenzial der Schülerinnen und Schüler ist zwar eine notwendige, aber keine hinreichende Bedingung für den Schulerfolg. Es müssen Stützfaktoren hinzukommen, die das Potenzial in entsprechende

Schulleistungen umsetzen helfen. Unter diesen Stützfaktoren spielt das Lernverhalten eine bedeutsame Rolle. Es korreliert, vor allem wenn es handlungsnah erfasst wird, deutlich mit den Schulleistungen (Mandl/ Friedrich, 2006; Wild/Gerber, 2008). Die Bedeutung des Lernverhaltens lässt sich nicht nur aus Schulerfolgsstudien, sondern auch aus der schulpsychologischen Analyse leistungsproblematischer Einzelfälle ersehen. Das Ursachenmuster weist deutlich darauf hin, dass Misserfolgsschülerinnen und Misserfolgsschüler gravierende Lernverhaltensdefizite aufweisen. Bestätigt wird dieser Befund durch den Vergleich leistungsstarker und leistungsschwacher Schülerstichproben (Keller, 1993). Ergebnis der Vergleiche war, dass die Leistungsschwächeren ein signifikant schlechteres Lernverhalten zeigten. Die Hauptursache für Lernverhaltensschwierigkeiten liegt darin, dass sie in der bisherigen Lernentwicklung das Lernen nicht gelernt haben. Darunter versteht man die Aneignung von Strategien des Verstehens, Behaltens und Abrufens von Lernstoff, der Problemlösung, der Lernorganisation, des Konzentrierens sowie der Selbststeuerung. Im Folgenden werden diejenigen Strategien aufgezeigt, die sich in der Lernförderung als besonders hilfreich und wirksam erwiesen haben.

Mehrkanaliges Lernen

Alles allen Sinnen.

Comenius

Alle Lernvorgänge beginnen mit der Aufnahme von Lernstoff über die verschiedenen Wahrnehmungskanäle. Nichts ist im Gehirn, was nicht zuvor in den Sinnen war. Bereits in dieser ersten Lernphase treten die ersten Lernschwierigkeiten auf, weil eine aus neurobiologischer Sicht grundlegende Lernregel nicht beachtet wird. Sie lautet: Ein Lernstoff wird in den Feldern der Großhirnrinde umso besser verankert und vernetzt, je mehr Lernkanäle bei der Stoffaufnahme benutzt werden (s. Abb. 1). Schülerinnen und Schüler, die mit dieser Lernregel in Konflikt geraten, lernen einkanalig und oberflächlich, meist nur lesend und anschauend. Ihr passiv-rezeptiver Lernstil wird in der Schülersprache auch als «Reinziehen» bezeichnet. Folge davon sind Verständnis-, Gedächtnis- und Konzentrationsprobleme. Die notwendige Alternative

2. Primäre pädagogisch-psychologische Prävention

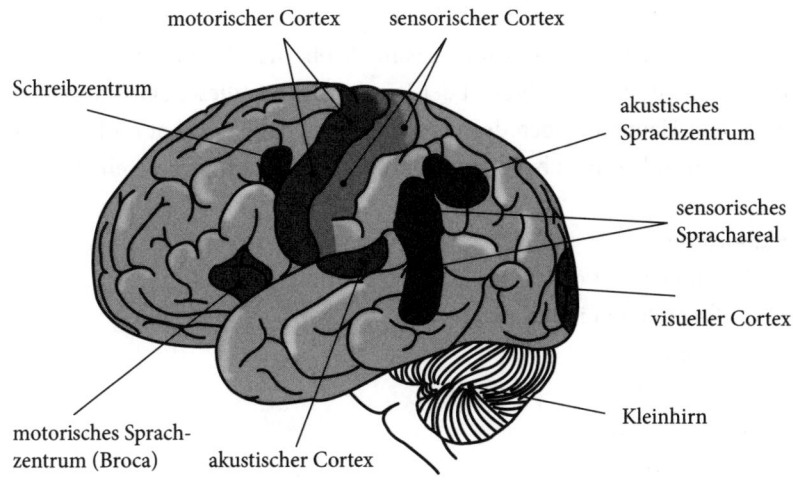

Abbildung 1: Felder der Großhirnrinde

zum einkanaligen Lernstil ist das mehrkanalige Lernen bzw. der Gebrauch mehrerer Lernwege. Lernpraktisch heißt dies:
- mehrkanaliges Fremdsprachenlernen (zum Beispiel Vokabeln lesen, sprechen, schriftlich einprägen und abrufen)
- mehrkanaliges mathematisches Üben (zum Beispiel Lösungsverfahren am Beispiel von Aufgaben Schritt für Schritt schriftlich trainieren)
- mehrkanaliges Sachfachlernen (zum Beispiel Texte in Mind Maps umwandeln)

In meinen Wirksamkeitsstudien hat sich das mehrkanalige Lernen als effektivste Lernstrategie erwiesen (Keller, 1999).

Aktives Lesen

> Der Text ist nicht wirklich gelesen, wenn man ihn nur durchgelesen hat und mit dem Gefühl zur Seite legt, damit schon etwas geschafft zu haben.
>
> Stephan Scholz

Ein Großteil des Lernstoffs wird in Textform vermittelt. Viele Schülerinnen und Schüler haben Schwierigkeiten mit dem Verstehen, Behalten und Nutzen von Texten. Sie dekodieren Texte zwar, verharren aber an der Oberfläche und gelangen nicht zum Textsinn. Je oberflächlicher Texte verarbeitet werden, desto schlechter ist der Lernerfolg. Aus diesem Grund gehört es zu den Hauptaufgaben der Lernförderung, Schülerinnen und Schüler zum aktiven Lesen zu befähigen. Darunter versteht man zum einen:

Elaborieren
- Verknüpfen mit dem Vorwissen
- Umformulieren in eigene Worte
- Bilder entwerfen
- Beispiele suchen
- Fragen entwerfen
- Nachfragen
- Nachschlagen.

Reduzieren
- Unterstreichen/Markieren wichtiger Textstellen
- Herausschreiben von Schlüsselwörtern
- Subsummierung unter Oberbegriffen
- Anbringen von Randzeichen
- Anfertigen von Skizzen/Strukturen/Tabellen.

Zum anderen heißt aktives Lesen, längere Texte schrittweise zu bearbeiten. Hierzu bietet sich die Fünf-Schritte-Methode an.
1. Man überfliegt den Text, um sich einen ersten Überblick zu verschaffen.
2. Man stellt Fragen an den Text (zum Beispiel «Was weiß ich schon? Was weiß ich nicht?»)
3. Man liest den Text gründlich, Absatz für Absatz.
4. Man fasst den Text zusammen, indem man Wichtiges unterstreicht oder herausschreibt.
5. Man geht den Text nochmals durch und überprüft abschließend, ob man den Inhalt verstanden und behalten hat.

Die Fünf-Schritte-Methode ist ein Vorgehensmuster, das individuell variiert werden kann. Wichtig ist, dass am Ende des Leseprozesses die Textstruktur im Gehirn des Lernenden mental gut präsentiert ist.

Rechtshirniges Lernen

Wer in Bildern denkt, vergisst nichts.

Roland R. Geisselhart

Das mehrkanalige Lernen ist eine notwendige, aber keine hinreichende Bedingung für den Lernerfolg. Vor allem verbaler und begrifflicher Lernstoff droht rasch vergessen zu werden. Ein Grund ist, dass er primär in der merkschwächeren linken Gehirnhälfte verarbeitet wird. Deshalb muss im Unterricht Lernstoff so dargeboten werden, dass schwer merkbares Wissen mit Funktionsweisen der rechten Gehirnhälfte verknüpft werden kann. Hierzu zählen vor allem Rhythmen, Reime, Bilder, Farben, Strukturen, Tafelbilder. Gleichzeitig müssen die Lernenden gezielt zur aktiven Benutzung der rechten Gehirnhälfte angeleitet werden, denn nur eine Minderheit macht davon regen und regelmäßigen Gebrauch. Sie lernen das rechtshirnige Lernen, indem sie Texte bebildern, Merkverse schmieden, Abkürzungen kreieren oder Mind Maps (s. Abb. 2) entwerfen.

Das rechtshirnige Lernen sollte auch bei der Lese-Rechtschreibförderung stark beachtet werden. Es kommt vor allem jenen rechtschreibschwachen Schülern zugute, die sich aufgrund von Hirnreifungsverzögerungen und Hirnfunktionsstörungen Wortbilder schwer einprägen können. Als Hilfen sind besonders das rhythmisch-melodische Sprechschreiben, Merkverse oder Farbsignale zur Unterscheidung von Schreibweisen geeignet.

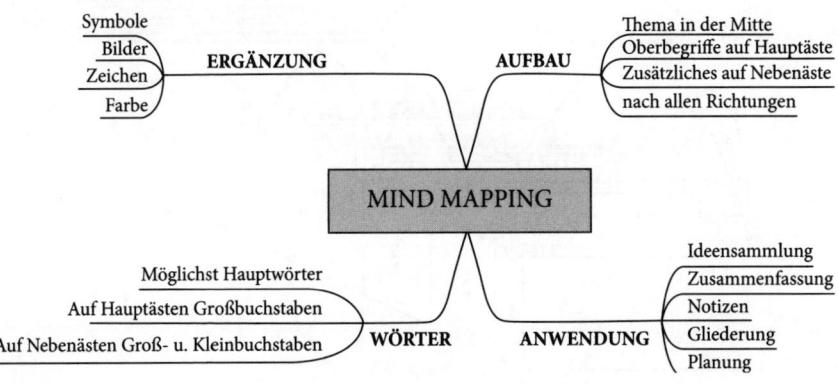

Abbildung 2: Mind Map

Regelmäßiges Wiederholungslernen

> Wiederholung ist die Mutter des Lernens.
>
> Cassiodor

Jeder Lernstoff droht vergessen zu werden, auch jener, der zunächst mehrkanalig aufgenommen und rechtshirnig verankert worden ist. Dem Vergessen kann letztlich nur durch Wiederholung vorgebeugt werden. Mangelnde Wiederholung hat zur Folge, dass auf der Großhirnrinde keine strukturellen Spuren (Langzeitspuren) entstehen. Beim Kurzzeitlernen kommt es lediglich zu Aktivitätsspuren, die rasch zerfallen. Schülerinnen und Schüler wiederholen nicht gern Lernstoff. Sie empfinden die Prozedur als trocken und langweilig. Nur eine Minderheit tut dies freiwillig und regelmäßig, der Großteil nur unter Druck und kurz vor Klassenarbeiten. Manche würden, so das Feedback von Schülerinnen und Schülern in Lernberatungsgesprächen, gerne häufiger üben, wenn sie nur wüssten, wie man effektiv Stoff wiederholt. Übungsmotivierend ist es für sie, wenn sie beispielsweise erfahren, dass viele Kurzübungen wesentlich wirksamer sind als massiertes, mehrere Stunden dauerndes Wiederholungslernen. Eine ebenso wirksame Übungsvariante ist das lükkenschließende Wiederholen. Erste Voraussetzung hierfür ist eine Fehleranalyse schlecht geschriebener Klassenarbeiten. Hat man durch eine

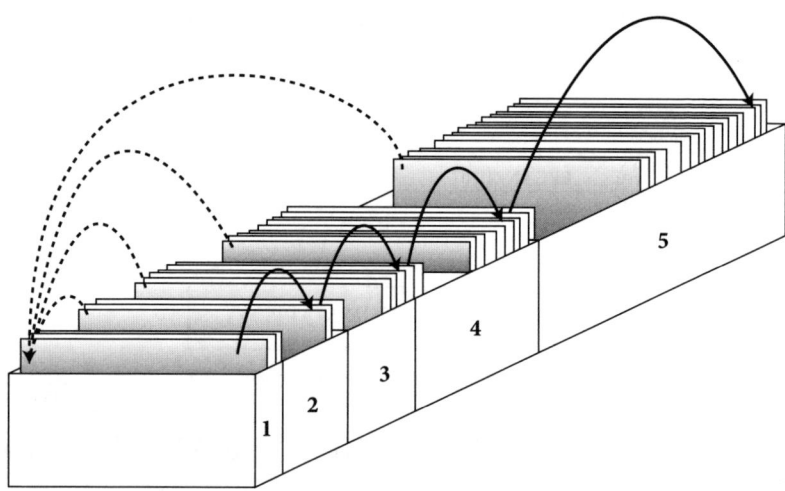

Abbildung 3: Lernkartei nach Leitner (2010)

2. Primäre pädagogisch-psychologische Prävention

Auszählung typischer Fehler die Lücken ausfindig gemacht, legt man in einem Wochenplan Termine fest, an denen geübt wird. Solches Wiederholungslernen empfinden Schülerinnen und Schüler als nicht so stressig wie die Generalwiederholung umfangreicher Stoffgebiete. Als Mittel des individuellen Wiederholungslernens bieten sich schließlich das Lernkarteisystem nach Leitner (2010) sowie computergestützte Übungsprogramme an, die häufig parallel zum Schulbuch angeboten werden (s. Abb. 3).

Systematisches Problemlösen

Denken kann und muss gelernt werden.

Robert Sell

Es gibt Schülerinnen und Schüler, die gründlich und gut lernen, aber sich bei der Anwendung des Gelernten schwer tun. Und zwar vor allem bei der Lösung mathematisch-naturwissenschaftlicher Aufgaben. Als Ursachen kommen in Betracht:
- allgemeine oder partielle Intelligenzdefizite
- affektive Denkhemmungen aufgrund von starker Prüfungsangst
- mangelhaftes Problemlöseverhalten.

Letztere Ursache kommt am häufigsten vor. Zentrales Merkmal ist ein impulsives, unbedachtes Vorgehen bei den Aufgabenlösungen. Dieses Verhalten wird mit einem Mangel an lösungsförderlichen Selbstinstruktionen, auch *Heurismen* genannt, erklärt. Folgende Heurismen sind für das Problemlösen wichtig:
- Erkennungsstrategien: sorgfältiges, konzentriertes Lesen; Sortieren in lösungsrelevante und nicht-relevante Informationen
- Findestrategien: Regeln und ähnliche, schon einmal bearbeitete Aufgaben in Erinnerung rufen; Aufgabe vereinfachen; Lösungsskizze anfertigen
- Prüfstrategien: bei Schwierigkeiten den Text bzw. die Aufgabenstellung erneut lesen; Zwischen- und Endkontrollen durchführen; das Ergebnis mit der Wirklichkeit vergleichen.

Trainingsstudien haben den Beweis erbracht, dass das Problemlösen lehrbar ist (Kretschmer, 1983). Das Einüben von Lösungsstrategien bewirkt spürbare Leistungsverbesserungen. Die Übungserfolge sind umso besser, je stoffnäher die Übungsaufgaben sind.

Tipps zum Textaufgabenlösen

- Lies den Aufgabentext aufmerksam durch.
- Schreibe heraus, was gegeben und was gesucht ist.
- Verdeutliche dir den Sachverhalt durch eine Zeichnung.
- Überlege, ob du schon einmal eine ähnliche Aufgabe gerechnet hast und wie du dabei vorgegangen bist.
- Frage dich, welche Regel du anwenden musst.
- Stelle dir den Lösungsweg genau vor und führe gegebenenfalls eine Modellrechnung durch.
- Trenne Haupt- und Nebenrechnungen.
- Kontrolliere immer mal wieder, ob du richtig gerechnet hast.
- Betrachte Ergebnisse aus der Sichtweise des gesunden Menschenverstands.
- Trainiere das Aufgaben-Lösen gezielt und regelmäßig.

Lernorganisation

Ein Mensch ohne Plan ist wie ein Schiff ohne Steuer.

Emil Oesch

Genauso wie die berufliche Arbeit will auch die Lernarbeit organisiert sein. Erste Voraussetzung einer guten Lernorganisation ist die Zeitplanung. Das heißt, dass nicht einfach drauflos gelernt wird, sondern vorher überlegt wird, wie und in welchen Schritten der Lernstoff bearbeitet werden kann. Die Notwendigkeit des Planens ergibt sich sowohl bei der Bewältigung größerer Lernaufgaben (Hausaufgaben, Referate) als auch bei der Vorbereitung von Klassenarbeiten. Planungsprobleme treten vor allem bei der Gestaltung des Hausaufgabenablaufs, bei der Klassenarbeitsvorbereitung und bei der Erledigung von Langzeitaufgaben (zum Beispiel Referat) auf. Sie können bewältigt werden durch

- das Führen eines Aufgabenhefts
- das schriftliche Festhalten von Terminen (persönlicher Terminkalender)

- die Anfertigung von Tagesplänen (Unterteilung in Muss- und Kann-Ziele)
- die rechtzeitige und portionierte Vorbereitung von Klassenarbeiten.

Zur Lernorganisation gehört auch die rationelle Gestaltung des häuslichen Arbeitsplatzes. Bei der Analyse von Lernschwierigkeiten erweist sich bei vielen Schülerinnen und Schülern ein chaotischer Arbeitsplatz als besonderer Störfaktor. Von einem lernförderlichen häuslichen Arbeitsplatz kann gesprochen werden, wenn

- ein eigener Schreibtisch und ein körpergerechter Schreibtischstuhl vorhanden sind
- sich auf der Schreibfläche nur Routinemittel und aktuell benötigte Unterlagen befinden
- die Schreibfläche ausreichend beleuchtet ist und die Schreibtischlampe links postiert ist (beim Rechtshänder)
- kein Lärm den Lernprozess stört
- regelmäßig gelüftet wird
- die wichtigsten Arbeitsmittel griffbereit sind und sich in einem ordentlichen Zustand befinden.

Beispiel eines Tagesplans

Muss-Ziele
Mathe-Aufgaben Nr. 14, 16, 17, S. 27
Englisch, Übung 40
Erdkunde, Zeichnung!

Kann-Ziele
Englisch-Vokabeln
Mathe-Klassenarbeit vorbereiten

Konzentrationssteuerung

Konzentration bezeichnet einen Prozess willentlich gesteuerter Aufmerksamkeit.

Eduard W. Kleber

Unter Konzentration versteht man die gezielte Ausrichtung der Aufmerksamkeit auf bestimmte Ausschnitte der Außen- oder Innenwelt.

Hierzu bedarf es einer wirksamen Konzentrationssteuerung. Die erste Möglichkeit zur Anwendung konzentrationsförderlicher Strategien ergibt sich am Lernbeginn, wenn allerlei Aufschubhandlungen dem Lernenden zu schaffen machen. Dem Aufschieben kann man entgegenwirken durch die Anfertigung eines Lernplanes oder durch positive Lernsuggestionen (zum Beispiel «Konzentriert geht's wie geschmiert!»).

Manche Konzentrationsproblematik kann schon dadurch gelöst werden, dass man die begrenzte Konzentrationsspanne beachtet und immer mal wieder Pausen einlegt. Mit dem Einlegen von Pausen darf nicht zu lange gewartet werden, weil mit zunehmender Lernzeit die Ermüdung steil ansteigt. Der Ermüdung kann man durch ein gestuftes Pausenprogramm wirksam vorbeugen:

- nach einer halben Stunde eine Pause von fünf Minuten (Minipause)
- nach 1–1,5 Stunden eine Pause von 15–20 Minuten (Maxipause)
- nach 3 Stunden entweder ganz aufhören oder, falls noch mehr Aufwand erforderlich, eine Pause von mindestens einer Stunde (Erholungspause).

Bei der Konzentrationssteuerung ist auch zu berücksichtigen, dass die Konzentrationsleistung während der Tageszeit schwankt (s. Abb. 4). Innerhalb von 24 Stunden gibt es gewöhnlich zwei Leistungshochs und zwei Leistungstiefs. Das erste Leistungshoch fällt in den Vormittag, das zweite in den Spätnachmittag. Das erste Leistungstief liegt in der Nacht, das zweite am frühen Nachmittag (Verdauungsmüdigkeit). Diese Schwankungen treffen auf die meisten Schüler zu. Allerdings gibt es auch Ausnahmen. Hierzu zählen die Morgenmenschen, die schon recht früh sehr arbeits- und konzentrationsbereit sind, aber schon ab dem Spätnachmittag konzentrationsschwach werden. Von der Durchschnittskurve weichen auch die Abendmenschen ab, die sich morgens und am frühen Nachmittag nicht so gut konzentrieren können, ab dem Spätnachmittag bis in die Nacht hinein aber konzentrationsstark werden. Häufig ist es nicht möglich, die Lernzeit auf die Tagesleistungskurve optimal auszurichten. Oft muss man in biorhythmisch ungünstigen Tagesphasen lernen. Ist dies der Fall, sollte man in einer solchen Phase konsequent Kurzpausen einlegen.

Das Konzentrationsniveau kann ebenso wirksam erhalten werden, wenn von Zeit zu Zeit der Lernkanal sowie der Lernstoff gewechselt wer-

2. Primäre pädagogisch-psychologische Prävention

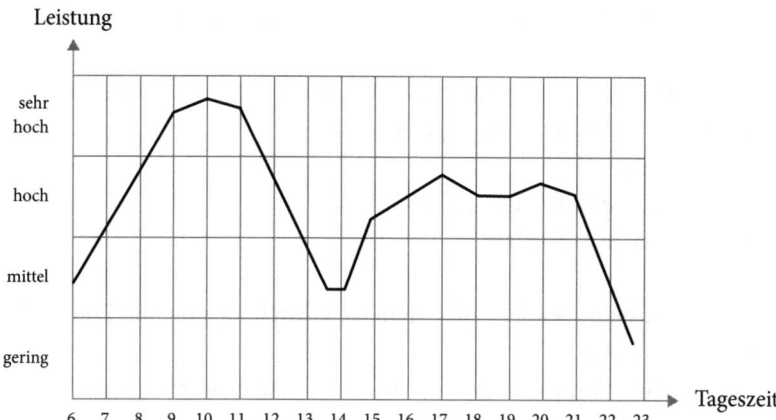

Abbildung 4: Durchschnittliche Tagesleistungskurve

den, denn eine zu lange Benutzung desselben Lernkanals oder eine zu lange Beschäftigung mit demselben Lernstoff führen im Gehirn automatisch zu einer Reduktion der Aufmerksamkeit. Ist der Schüler zu Hause mit einem Lerntext beschäftigt, sollte er diesen nicht nur durchlesen, sondern auch Textauszüge anfertigen oder wichtige Textinhalte mündlich wiedergeben. Außerdem muss er bei der Lernorganisation für eine abwechslungsreiche Reihung der Fächer sorgen.

Nicht minder wirksam ist die Reduzierung ablenkender Reize am schulischen und häuslichen Arbeitsplatz. Je überladener die Schreibfläche ist und je mehr akustische Reize (zum Beispiel Radiohören) vorhanden sind, desto schwieriger wird es, sich auf das Wesentliche zu konzentrieren.

Selbststeuerung

> Viel wichtiger als motiviert zu werden ist es, die Fähigkeit zu erwerben, sich selbst zu motivieren.
>
> Jens Uwe Martens und Julius Kuhl

Wer sehr unregelmäßig und nur auf äußeren Druck lernt, kann sich selbst besser steuern lernen, indem er sein Lern- und Arbeitsverhalten eine Zeit lang genauer beobachtet und protokolliert. Dies kann mithilfe der *Lern-*

tagebuch-Methode geschehen. Der Schüler schreibt jeden Tag stichwortartig auf, wie lange er was gelernt hat. Zum Beispiel trägt er ein: 15.30 – 16.00 Uhr Mathematik-Hausaufgaben. Zusätzlich bewertet er, wie zufrieden er mit dieser Lerntätigkeit war:
- + Ich bin zufrieden.
- +/– Ich bin nur teilweise zufrieden.
- – Ich bin nicht zufrieden.

Ist die Lernarbeit beendet, sollte man sich durch angenehme Freizeittätigkeiten belohnen. Die Kombination von Selbstbeobachtung, Selbstbewertung und Selbstbelohnung verbessert die Fähigkeit zur Selbststeuerung. Wenn man das Gefühl hat, dass man sich gut steuern kann, sind die täglichen Aufzeichnungen nicht mehr vonnöten. Jetzt kann man ohne diese «Krücken» lernen. Die Methode sollte erst dann wieder angewandt werden, wenn ein Rückfall ins fremdgesteuerte Lernverhalten stattgefunden hat.

Auszug aus einem Lerntagebuch

Datum	Zeit	Fach (Inhalte bzw. Tätigkeit)	Bewertung
18.10.	13.45–14.15	Englisch (Workbook, Vokabeln)	+
	14.20–14.45	Mathe (Aufgaben)	+/–
	14.50–15.15	Erdkunde (Zeichnung)	+
19.10.	16.30–16.45	Englisch (Übung)	+
	16.45–17.10	Deutsch (Sachbeschreibung)	–
	17.15–18.00	Geschichte (Wiederholung)	+
20.10.	14.00–14.30	Englisch (Brief)	+/–
	14.40–15.00	Mathe (Aufgaben)	+
	15.05–15.35	Deutsch (Grammatik)	+
	15.45–16.00	Geschichte (Wiederholung)	+/–
	18.00–18.15	Vokabeln (Englisch)	+
21.10.	16.30–17.00	Mathe (Aufgaben)	+/–
	17.05–17.30	Bio (Protokoll)	+
22.10.	14.00–14.30	Englisch (Übung)	+
	14.40–15.00	Musik (Lied)	+

23.10.	11.00–12.00	Englisch (Klassenarbeitsvorbereitung)	+/–
24.10.	10.00–11.00	Englisch (Klassenarbeitsvorbereitung)	+
25.10.	13.15–13.45	Mathe (Aufgaben)	–
	13.50–14.05	Erdkunde (Übung)	+
	14.15–15.00	Englisch (Klassenarbeitsvorbereitung)	+
	15.15–15.30	Religion (Übung)	+/–

Gemeinsames Förderprogramm

So gesehen ist kollegiumsinterne Konsensbildung dringend angezeigt, soll ein halbwegs konzertiertes Methoden-Training auf den Weg gebracht werden.

Heinz Klippert

Die Förderung des Lernverhaltens ist integrativer Bestandteil des Unterrichts. Das heißt, dass in enger Anlehnung an Lernsituationen und an die Stoffvermittlung Lernstrategien vermittelt werden. Notwendig hierfür ist ein Förderprogramm, in dem verbindlich festgelegt ist, was in einer Jahrgangsstufe erlernt oder vertieft werden soll. Damit es tatsächlich auch realisiert wird, muss am Schuljahresbeginn im Lehrerteam einer Schulklasse geklärt und abgesprochen werden, wer welche Förderaufgabe übernimmt. Im weiteren Verlauf des Schuljahres sollten die Fördererfahrungen in einer Klassenkonferenz bilanziert werden. Dies bedeutet, dass die einzelnen Lehrpersonen sich gegenseitig berichten, wie die Förderung verlaufen ist (Was ist gut gelungen? Was war schwierig?) und wie sie im kommenden Schuljahr verbessert werden kann.

Die unterrichtliche Umsetzung von Lernförderprogrammen zeitigt zwar nicht dieselben Wirkungen wie die Lernberatung, macht sich aber dennoch in Form von Einstellungs- und Verhaltensänderungen sowie Leistungsverbesserungen bemerkbar (Keller, 1999). Diese Effekte werden umso wahrscheinlicher, je nachhaltiger und kontinuierlicher im Verlauf eines Schuljahres die Lernförderung betrieben wird. Schließlich ist sehr zu empfehlen, das Elternhaus in die Förderung einzubeziehen. Hierzu bieten sich Elternabende und Elternbriefe an.

Lerntipps kurz und bündig
- Plane deine Lernzeit mit dem Terminkalender oder Terminposter. Trage ein, was wann zu erledigen ist.
- Bereite dich auf Klassenarbeiten nicht kurz vorher, sondern schon einige Tage früher vor.
- Teile den Klassenarbeitsstoff in Portionen auf, damit du ihn ohne Stress und Druck bewältigen kannst.
- Mache deine Hausaufgaben regelmäßig. Notiere, was aufgegeben ist. Fang nicht gleich nach dem Mittagessen an. Nimm zuerst die leichten Aufgaben in Angriff. Wenn dir der Einstieg sehr schwer fällt, fertige einen kleinen Tagesplan an. Hake ab, was du erledigt hast.
- Lerne möglichst immer am gleichen Arbeitsplatz. Räume ihn vorher auf. Lege Dinge, die dich ablenken könnten, weg. Vermeide das Musik- oder Radiohören. Achte darauf, dass das Licht weder zu grell noch zu matt ist.
- Lerne auf mehreren Lernwegen: mit dem Auge, mit dem Ohr und mit der Hand. Das Durchlesen allein genügt nicht. Lies Wichtiges laut. Versuche einen Text in eigenen Worten wiederzugeben. Unterstreiche Wichtiges oder schreibe es heraus. Fertige Zeichnungen und Skizzen an.
- Lerne nicht zu lange an einem Stück, sondern lege Pausen ein. Mache nach 30 Minuten eine Minipause von etwa 5 Minuten, nach 1–1,5 Stunden eine Maxipause von 15–20 Minuten und nach spätestens 3 Stunden eine Erholungspause von etwa 1 Stunde.
- Lerne ähnliche Fächer (zum Beispiel Englisch und Französisch) nicht hintereinander, weil es sonst leicht zu Verwechslungen kommt. Mache entweder eine Pause oder schiebe ein anderes Fach dazwischen.
- Verwende bei schwer einprägbaren Lerninhalten Bilder, Kürzel oder Merkverse als Gedächtnisstützen.
- Arbeite lange Texte Schritt für Schritt durch: Überfliegen – gründlich lesen – schriftlich oder mündlich zusammenfassen – wiederholen.
- Lerne Vokabeln mehrkanalig, indem du sie liest, sprichst, hörst und schreibst. Lerne Vokabeln nicht isoliert, sondern bette sie in kleine Sätze und Ausdrücke ein. Kontrolliere mündlich und schriftlich durch Abdecken einer Spalte, ob sie tatsächlich sitzen. Lerne nicht alle Vokabeln auf einmal. Teile sie in Gruppen von acht bis zehn Vokabeln auf. Schreibe sehr schwierige Wörter auf Lernkarteikarten. Auf die Vorder-

2. Primäre pädagogisch-psychologische Prävention 93

seite das fremde, auf die Rückseite das deutsche Wort. Wiederhole sie in regelmäßigen Abständen.
- Lerne Grammatik-Regeln zusammen mit Beispielsätzen. Greife außerdem Sätze aus Texten heraus und überlege, welche Regeln in den Wörtern und im Satz zum Ausdruck kommen. Welche Zeit? Welcher Fall? ...
- Übersetze nicht drauflos, sondern durchdenke nochmals den Sinn des Satzes oder Textes. Bleibe am Text- und Wortsinn so nah wie möglich, drücke dich so frei aus wie nötig.
- Sammle vor der Niederschrift des Aufsatzes Ideen und gliedere sie zumindest grob: Einleitung – Hauptteil – Schluss. Präge dir die Gestaltungs- und Stilregeln der verschiedenen Aufsatzformen (Bericht, Erzählung, Gedichtinterpretation usw.) ein. Überprüfe während des Niederschreibens immer mal wieder, ob du beim Thema geblieben bist.
- Übe Sprachverständnis und Sprachgefühl. Hierzu hast du verschiedene Möglichkeiten: fremdsprachige Texte laut lesen, fremdsprachige Liedertexte lernen, fremdsprachige Zeitungsartikel lesen, zu fremdsprachigen Texten kleine Fragen formulieren und beantworten, sich in der fremden Sprache unterhalten.
- Rechne bei Textaufgaben nicht drauflos. Lies den Text genau durch. Überlege: Was ist gegeben, was ist gesucht? Durchdenke den Lösungsweg ruhig. Zeichne, was du dir nicht vorstellen kannst. Trenne Haupt- und Nebenrechnungen. Kontrolliere schon die Zwischenergebnisse, nicht erst das Endergebnis. Vergleiche das Ergebnis mit der Wirklichkeit: Kann das sein?
- Überlege genau, was die Fachwörter bedeuten: Erosion, Osmose, Veto usw. Errate ihre Bedeutung nicht, sondern schaue in Nachschlagewerken nach oder frage andere.
- Prüfe immer mal wieder, ob die einfachen Kenntnisse und Methoden sitzen, vor allem in den Naturwissenschaften: einfache Rechenfertigkeiten, gängige Formeln, Abkürzungen und Symbole.
- Lerne nicht nur aus Schulbüchern. Mancher Lernstoff wird anderswo interessanter und anschaulicher vermittelt. Beispiel: Hobby- und Sachbücher, Fernsehfilme, Zeitungs- und Zeitschriftenberichte, Internet.
- Lerne auch mit dem Computer. Es wird eine Vielzahl fachbezogener Lernprogramme angeboten, mit denen sich der Lernstoff wirksam

festigen und vertiefen lässt. Außerdem kannst du dir Wissen im Internet aneignen.

Förderung des Sozialverhaltens

Durch soziales Lernen sollen die Beziehungen der Schüler untereinander und zwischen Lehrern und Schülern verändert werden.

Hanns Petillon

Plato hat vor 2400 Jahren den Menschen als «Zoon Politikon» bezeichnet, als soziales Wesen. Wichtig zu wissen ist, dass der Mensch nicht als «Zoon Politikon» auf die Welt kommt, sondern als egoistisches Wesen. Um zu einem gemeinschaftsfähigen Erwachsenen zu werden, bedarf er des sozialen Lernens. Darunter versteht man:
- die Aneignung sozialer Verhaltensweisen und Fertigkeiten
- die Bildung sozialer Einstellungen und Werthaltungen
- die Übernahme sozialer Rollen.

Auf dem langen Entwicklungsweg zum gemeinschaftsfähigen Erwachsenen muss viel Sozialerziehung und Sozialtraining in einem positiven Wertkontext stattfinden. Fehlt dieser unterstützende äußere Kontext, kommt es unweigerlich zu Fehlentwicklungen. Diese zeigen sich zum einen in Form von Aggression und Gewalt, zum anderen in Kommunikations- und Kooperationsdefiziten. Aufgrund entwicklungsstörender gesellschaftlicher Einflüsse und familiärer Erziehungsfehler ist dieser primäre Prozess des sozialen Lernens immer häufiger beeinträchtigt. Das heißt, dass Schule immer weniger davon ausgehen kann, dass die Kinder von zu Hause ein positives Sozialverhalten mitbringen. Folglich muss sie sich intensiv um die Förderung des Sozialverhaltens bemühen.

Sozialer Verhaltenskodex

Schule funktioniert nur, wo gemeinsame Wertvorstellungen herrschen, man gemeinsam verstandenen Prinzipien folgt.

Hartmut von Hentig

2. Primäre pädagogisch-psychologische Prävention

Viele Schülerinnen und Schüler sind sich unsicher, was an positivem Sozialverhalten von ihnen erwartet wird. Sie stammen größtenteils nicht mehr aus Autoritätsfamilien, sondern aus Kontraktfamilien, in denen ständige Verhaltensverhandlungen über erwünschtes Verhalten stattfinden. Um soziale Verhaltenssicherheit zu schaffen, muss das, was der Schulgemeinschaft für das Gelingen des Miteinanders wert ist, kodifiziert werden. Zum einen in Form eines Schulkodexes als normatives Dach der ganzen Schulgemeinschaft, zum anderen in Form eines Klassenkodexes als Verhaltenskonsens der Klassengemeinschaft.

Schulkodex

Kinder und Jugendliche haben ein unfertiges Regelbewusstsein bzw. noch kein voll entwickeltes Gewissen. Deshalb sind sie angewiesen auf Orientierungen, Normverdeutlichungen, Warnschilder und Grenzziehungen. Außerdem gilt die Erkenntnis: Je komplexer eine Gemeinschaft, desto mehr sind ihre Mitglieder auf einen unmissverständlichen Verhaltenskodex angewiesen. Dieser enthält in der Präambel möglichst positiv formulierte Regeln für Schülerinnen und Schüler, Lehrpersonen sowie Eltern. Der zweite Teil besteht aus speziellen Geboten und Verboten, die zur Sicherung der funktionellen Abläufe und zum Schutz der körperlichen und seelischen Unversehrtheit notwendig sind.

Ein Schulkodex, der akzeptiert werden möchte, muss von der Lehrer-, Schüler- und Elternschaft gemeinsam entwickelt werden. Hierzu sollte man eine paritätisch zusammengesetzte Projektgruppe bilden. Diese führt zuerst eine Fragebogenaktion durch. Befragungsziel ist es herauszufinden, was man an positiven Verhaltensweisen erwartet und wo Grenzziehungen vonnöten sind. Ausgehend von den Ergebnissen erarbeitet die «Kodex-Gruppe» einen Entwurf, der in den Schulgremien so lange besprochen wird, bis eine konsensfähige Endversion verabschiedet werden kann.

Der Schulkodex muss nach der Verabschiedung sorgfältig multipliziert werden. Eine intensive Verdeutlichung ist auf der Klassenebene notwendig, und zwar sowohl im Unterricht als auch am Elternabend. Diese Multiplikation wird fortgesetzt, wenn sich herausstellt, dass die Schülerinnen und Schüler den Schulkodex nicht verinnerlicht haben. Die Normvermittlung kann durch folgende Aktionen zusätzlich gefördert werden:

- Entwurf einer motivierend gestalteten Kurzbroschüre
- Entwurf von Plakaten und Piktogrammen im Kunstunterricht
- thematische Einbettung in einzelne Fächer.

Ob die im Schulkodex enthaltenen Regeln tatsächlich auch eingehalten werden, hängt letztlich vom konsequenten pädagogischen Handeln der Lehrpersonen ab. Das pädagogische Motto muss heißen:
- Hinsehen, nicht wegsehen!
- Hinhören, nicht weghören!
- Wenn nötig, eingreifen!

Ein Schulkodex trägt nur dann zu einem positiven Sozialverhalten bei, wenn seine Umsetzung in der Gesamtlehrerkonferenz, im Elternbeirat, in der Schülervertretung und in der Schulkonferenz immer mal wieder überprüft wird und daraus Änderungsschritte im Sinne einer inneren Schulentwicklung abgeleitet werden.

Klassenkodex

Das normative Dach der Schule ist eine notwendige, aber keine hinreichende Bedingung für eine positive Sozialkultur. Jede Klasse benötigt zusätzlich einen Klassenkodex. Nach den Erkenntnissen des Entwicklungspsychologen Lawrence Kohlberg (1996) ist dieser dann wirksam, wenn die Schülerinnen und Schüler ihr soziales Regularium selbst entwickeln und gestalten dürfen. Der Klassenkodex hängt als Poster an der Wand des Klassenzimmers und erinnert alle an ihre Verhaltenspflichten. Ausgangspunkt der Entwicklung eines Klassenkodexes ist folgende zentrale Frage: «Was dürfen dir die anderen nicht antun?» Diese individuellen Verhaltenswünsche werden auf Kärtchen geschrieben. Anschließend werden die Kärtchen von den Schülerinnen und Schülern vorgelesen und auf einer Stellwand oder auf dem Boden zu Gruppen ähnlicher Wünsche zusammengefügt. Die Gruppen erhalten regelartige Überschriften in der Wir-Form (zum Beispiel «Wir gehen friedlich miteinander um»). Als Beispiel sei der folgende Kodex genannt:
- Wir gehen fair miteinander um.
- Wir achten uns.
- Wir hören einander zu.
- Wir äußern Kritik friedlich.

- Wir sind höflich.
- Wir sind ehrlich.
- Wir haben Verständnis füreinander.

Auf diesen Klassenkodex kann während des Schuljahres immer wieder Bezug genommen werden, und zwar vor allem dann, wenn Regeln verletzt worden sind. Die Regelverletzung ist der Ausgangspunkt eines klärenden Dialogs, den die Klasse unter Begleitung der Lehrperson führt.

Außerdem sollte die Klasse in regelmäßigen Zeitabständen unter der Moderation des Klassenlehrers bilanzieren, welche Verhaltensziele in den letzten Wochen erreicht worden sind und welche weniger oder gar nicht. Aufbauend auf dieser Bilanz nimmt sich die Klasse vor, in der kommenden Zeit auf die Einhaltung vernachlässigter und verletzter Regeln besonders zu achten.

Wer zusammen mit der Klasse den beschriebenen Klassenkodex entwickelt, sollte ihn der Klassenelternschaft am nächsten Elternabend vorstellen. Er ist ein motivierender Anlass, um über das Sozialverhalten der Klasse zu reflektieren und darauf aufbauend zu überlegen, wie Sozialerziehung gemeinsam praktiziert werden kann.

Übertragung von Verantwortung

> Schulen, die Schülern Verantwortung übertrugen, erzielten, wie unsere Befunde zeigen, sowohl im Verhalten als auch im Leistungsbereich günstigere Ergebnisse.
>
> Michael Rutter

Verantwortung bezieht sich nicht nur auf den Menschen selbst, sondern immer auch auf die Gemeinschaft, den Mitmenschen, die Mitwelt. Die Förderung der Verantwortungsbereitschaft beginnt in der Familie, wenn Kinder im Haushalt mithelfen, jüngere Geschwister betreuen oder Haustiere pflegen. Die frühe Übertragung von Verantwortung, so der Entwicklungspsychologe Paul Mussen (1993), beeinflusst in starkem Maße die Herausbildung des prosozialen Verhaltens. Erforderlich ist, dass die Schule diesen Entwicklungsprozess fortsetzt, indem sie Schülerinnen und Schülern gezielt Aufgaben delegiert. Geeignet hierfür sind nicht nur traditionelle Aufgaben wie Klassenbuch-, Tafel- und Kartendienst, Hilfestellung im Sportunterricht oder Pflanzenpflege, sondern auch Schülerpatenschaften und Mentorentätigkeiten. Ein zweites Lernfeld ist die Übernahme und Durchführung von Gemeinschafts- und Informationsaufgaben (zum Beispiel Schulveranstaltungen, Schülerzeitung) im Rahmen der Schülermitverantwortung. Im Bewusstsein der Mitverantwortung entwickeln Schülerinnen und Schüler, so ein wichtiges Resultat der Rutter-Studie, ein positiveres Sozialverhalten (Rutter et al., 2010).

Für das Training von sozialer Verantwortung eignet sich auch das Buddy-Programm. Es handelt sich um ein von der Vodafone-Stiftung gesponsertes Förderprogramm (www.buddy-ev.de). Unter dem Motto «Aufeinander achten, Füreinander da sein, Miteinander lernen» übernehmen Schülerinnen und Schüler, Buddys genannt (= englisch für Kumpel), spezielle soziale Aufgaben:

- Patenschaften für jüngere Schülerinnen und Schüler
- Ansprechperson im Konfliktfall
- Streitschlichtung
- Lernhelfer
- Engagement in sozialen Einrichtungen.

Um schulinterne Projekte initiieren zu können, werden Lehrpersonen und pädagogische Fachkräfte von Buddy-Trainern zu Buddy-Coaches weitergebildet und beim Projektaufbau begleitet. Wissenschaftliche Evaluationen belegen, dass sich durch das Buddy-Programm sowohl die Sozialkompetenzen der Schülerinnen und Schüler als auch das Sozialklima der Schule verbessern (www.buddy-ev.de).

Klassenrat

Wenn Demokratie, die uns als Staatsform so selbstverständlich scheint, mehr sein soll als ein formales Entscheidungsverfahren, dann müssen die Grundlagen dafür schon früh gelegt werden. Demokratie lebt von Beteiligung und dem Engagement möglichst vieler Mitglieder einer Gemeinschaft.

Zitat aus dem Film zum Klassenrat des BLK-Programms «Demokratie lernen und leben»

Ein weiterer Schritt zur Förderung des sozialen Lernens ist der Klassenrat (Friedrichs, 2009). Das Modell des Klassenrates stammt von Rudolf Dreikurs, einem Schüler des Tiefenpsychologen Alfred Adler (Dreikurs et al., 2007). Der Klassenrat ist ein Forum in der Schulklasse, das einmal pro Woche stattfindet. Hier erhalten alle Klassenmitglieder die Gelegenheit, Probleme und Konflikte anzusprechen und gemeinsam zu lösen. Das Forum dient nicht nur der kurzfristigen Konfliktlösung, sondern es soll langfristig dazu beitragen, Verantwortungsbewusstsein und Gemeinschaftsfähigkeit zu erlernen. Beides sind nach Alfred Adler primäre Ziele der menschlichen Entwicklung.

Der Klassenrat bedarf einer guten Struktur, will er tatsächlich auch gelingen. Eine erste Voraussetzung hierfür ist, dass eine Liste ausgehängt wird, auf der Besprechungsthemen vorher eingetragen werden können. Die Sitzung selbst wird von einem Vorsitzenden geleitet. Er achtet auf die Einhaltung der Gesprächsregeln und ruft die Tagesordnungspunkte auf. Ein zweiter Schüler übernimmt das Protokoll. Seine Aufgabe besteht darin, aufzuschreiben, was man an Konfliktregelungen und Problemlösungen vereinbart hat. Der Klassenrat sollte nicht sofort mit der Besprechung der Tagesordnungspunkte beginnen, sondern mit einer Anerkennungs- bzw. Wertschätzungsrunde. Jeder kann seine Anerkennung dafür ausdrücken, was ihm an einem Mitschüler besonders gefallen hat. Dieses wechselseitige positive Rückmelden schafft eine angenehme Atmosphäre und fördert das Selbstwertgefühl der Schülerinnen und Schüler. Nach dieser emotionalen Aufwärmrunde werden die Tagesordnungspunkte bearbeitet. Zu jedem Problem werden Lösungsvorschläge gesammelt, an die Tafel oder an das Flipchart geschrieben und besprochen. Anschließend wird über jeden Vorschlag abgestimmt und die Zahl der Stimmen werden daneben geschrieben. Schließlich muss noch geklärt werden, wer den Vorschlag wann umsetzt.

Bis der Klassenrat gut funktioniert, sollte der Klassenlehrer durch sparsame Hilfen und Unterstützung für einen geordneten Ablauf sorgen. Wichtig ist auch, dass er hinterher mit der Klasse die Sitzung bewertet und aufzeigt, was noch verbessert werden muss.

Aus Evaluationen geht hervor, dass die Schülerinnen und Schüler die Möglichkeit, sich in der Form eines Klassenrates regelmäßig zu besprechen, begrüßen. Nicht so zufrieden sind sie mit dem Ablauf und den Ergebnissen. Sie wünschen sich eine straffere Gesprächsleitung. Daraus ist zu entnehmen, dass auf das Einüben moderatorischer Fertigkeiten besondere Mühe verwendet werden muss.

Anleitung zur Moderation des Klassenrats

1. Führe zunächst die Anerkennungsrunde durch.
2. Rufe die Tagesordnungspunkte in der Reihenfolge auf, wie sie auf der Liste stehen.
3. Frage zuerst, ob es das Problem noch gibt. Falls ja, soll es derjenige, der es in die Liste eingetragen hat, erläutern. Ergänzungen durch andere Personen sind möglich.
4. Fordere die Klasse auf, Lösungsvorschläge zu nennen. Bitte einen Schüler, diese an die Tafel zu schreiben.
5. Lass abstimmen (Wer ist dafür? Wer dagegen? Enthaltungen?) und schreibe die Stimmenzahl dahinter.
6. Stelle fest, welcher Vorschlag angenommen worden ist, und kläre, wer ihn umsetzen muss. Sorge dafür, dass dies protokolliert wird.
7. Schließe die Sitzung zum vereinbarten Zeitpunkt. Was nicht mehr bearbeitet werden konnte, kommt auf die Tagesordnung des nächsten Klassenrates.

Soziale Lernübungen

Rollenspiel ist eines der wichtigsten Werkzeuge in der sozialen Unterweisung.

Jochen Korte

Es ist schwierig, die Grundziele des sozialen Lernens genauer zu bestimmen, weil die Auffassungen über gutes und schlechtes Sozialverhalten sehr unterschiedlich sind. Dennoch ist eine Einigung auf einen *Lernzielkatalog* wie den folgenden möglich:

- Hilfsbereitschaft: anderen helfen, mit anderen etwas teilen, anderen etwas schenken, sich für einen anderen einsetzen, füreinander einstehen
- Friedfertigkeit: die Würde des Mitmenschen respektieren, das Recht des Mitmenschen auf körperliche und seelische Unversehrtheit anerkennen

2. Primäre pädagogisch-psychologische Prävention

- Kooperationsfähigkeit: mit anderen zusammenarbeiten, mit anderen spielen, Vorhaben gemeinsam planen und durchführen, Konkurrenzgefühle und Neid überwinden
- Selbstbeherrschung: Gefühle differenziert äußern, Gefühle ohne Zorn äußern, Ärger bewältigen, Bedürfnisspannungen aushalten
- soziale Sensibilität: sich in andere einfühlen (Empathie), Mitgefühl zeigen, Rücksicht nehmen, Anteil nehmen
- Selbstbehauptung: sich angemessen behaupten, sich beschweren, sich für seine Rechte einsetzen, mit Gruppendruck umgehen
- Konfliktfähigkeit: positiv streiten, Kritik konstruktiv äußern, Streit schlichten, Kompromisse eingehen, verhandeln
- Kommunikationsfähigkeit: verständlich reden, aktiv zuhören, Ich-Botschaften senden, Rückmeldung geben und annehmen, jemanden fragen, Bitten äußern
- Toleranz: eigene Vorurteile erkennen und abbauen, die Verschiedenartigkeit der Menschen respektieren
- Verantwortungsbewusstsein: Aufgaben und Pflichten übernehmen, Lebensrollen erproben
- Höflichkeit: grüßen, Danke sagen, um Erlaubnis fragen, sich entschuldigen.

Systematisch gefördert werden können diese Verhaltensweisen durch soziale Lernübungen, die in Form von Rollenspielen durchgeführt werden. Hierzu gibt es bewährte Übungsmanuale (s. Kasten). In den Übungen und Spielen eignen sich die Schülerinnen und Schüler soziale Grundfertigkeiten an. Wer solche sozialen Lernübungen einsetzen möchte, findet in folgenden Materialien zahlreiche Rollenspiele:

Materialien zur Förderung des Sozialverhaltens

Baer, U.: 666 Spiele für jede Gruppe und alle Situationen. Seelze: Kallmeyersche Verlagsbuchhandlung 2003 (2. Aufl.).
Keller, G./Hafner, K.: Soziales Lernen will gelernt sein! Lehrer fördern Sozialverhalten. Donauwörth: Auer 2003 (2. Aufl.).
Keller, G./Hitzler, W.: Schlüssel-Qualifikations-Training. Übungen zur Förderung der Methoden- und Sozialkompetenz. Donauwörth: Auer 2005 (2. Aufl.).

> Korte, J.: Stundenentwürfe zur sozialen Unterweisung. Verhalten erkunden, erörtern und trainieren. Weinheim und Basel: Beltz 1997.
> Mitschka, R.: Die Klasse als Team. Ein Wegweiser zum Sozialen Lernen in der Sekundarstufe. Linz: Veritas 2004 (4. Aufl.).
> Schilling, D.: Soziales Lernen in der Grundschule. 50 Übungen, Aktivitäten und Spiele. Mülheim: Verlag an der Ruhr 2000.
> Walker, J.: Gewaltfreier Umgang mit Konflikten in der Grundschule. Berlin: Cornelsen 2004 (5. Aufl.).

Schüler-Streitschlichtung

Streitende sollten wissen, dass nie einer ganz recht hat und der andere ganz unrecht.

Kurt Tucholsky

Eine weitere Möglichkeit zur Förderung des sozialen Lernens ist ein Konzept, das in den USA entwickelt und erprobt worden ist. Man nennt es Schüler-Streitschlichtung (Faller et al., 1996; Kaeding et al., 2005; Jefferys-Duden, 2008). Ihm liegt die Annahme zugrunde, dass Schülerinnen und Schüler Konflikte selbst analysieren und lösen können. Typische Anlässe, für die eine Schüler-Streitschlichtung in Frage kommen, sind:

- Meinungsverschiedenheiten
- Beschimpfungen
- Beleidigungen
- körperliche Attacken
- Wegnehmen eines Gegenstandes
- Beschädigung einer Sache.

Für die selbstverantwortliche Konfliktschlichtung werden interessierte Schülerinnen und Schüler durch ein schulinternes oder schulexternes Trainingsprogramm qualifiziert. Es wird vielerorts von speziell ausgebildeten Lehrpersonen in Kooperation mit dem Schulpsychologischen Dienst durchgeführt. Im Streitschlichter-Training erfahren die Schülerinnen und Schüler, wie Konflikte entstehen und welche Wirkungen sie hervorrufen. Sie üben das Erkennen und Benennen von Gefühlen. Sie lernen entsprechende Gesprächsfertigkeiten wie das aktive Zuhören, das

Spiegeln und Rückmelden. Und sie werden zur Moderation einer Schlichtungssitzung ausgebildet.

Schülerinnen und Schüler, die miteinander einen Konflikt austragen, kommen freiwillig zum Streitschlichter. Häufig gibt es dafür ein Beratungszimmer. Der Streitschlichter verpflichtet sich, alle Informationen vertraulich zu behandeln. Ziel der Streitschlichtung ist eine Lösung, die beide Konfliktparteien akzeptieren. Wichtige Leitfragen für ein Lösungsgespräch sind:

- Was ist vorgefallen?
- Wie kam es dazu?
- Welche Gefühle hat der Konflikt bei euch ausgelöst?
- Wer trägt was zur Konfliktlösung bei?
- Worauf können wir uns einigen?
- Wann kontrollieren wir den Erfolg?

Normalerweise trägt der Schlichter die Einigung in ein Schlichtungsformular (s. Kasten) ein. Danach liest er jeden Satz nochmals vor. In diesem Stadium können die Parteien Veränderungen und Ergänzungen vornehmen lassen. Ist diese Prozedur vorbei, wird das Formular von beiden unterschrieben. Jeder erhält eine Kopie. Egal, nach welchem Modell gearbeitet wird, zu einem späteren Zeitpunkt sollten sich alle Beteiligten erneut zusammensetzen und ehrlich bilanzieren, ob die Zielvereinbarungen tatsächlich auch umgesetzt worden sind. Möglicherweise muss eine weitere Problemlösung in Angriff genommen werden.

Will ein schulinternes Streitschlichter-Programm erfolgreich sein, muss es erstens intensiv kommuniziert werden. Das bedeutet, dass sich die Schlichter allen Klassen in einer Schulrallye persönlich vorstellen. Zweitens bedürfen die Streitschlichter einer supervisorischen Begleitung durch Betreuungspersonen. Schließlich sollten alle Lehrpersonen darum bemüht sein, geeignete Streitfälle an die Streitschlichter weiterzuverweisen.

Schlichtungsformular

Konfliktpartei A: Name .... Vorname .... Klasse

Konfliktpartei B: Name .... Vorname .... Klasse

Schlichtungstermin: .... Schlichtungsort: ....

Anlass des Streits:
(Worum ging es?)

Lösung:

Wir nehmen den Lösungsvorschlag an:

....
Konfliktpartei A   Konfliktpartei B   Schlichter/Schlichterin

Gemeinsames Förderprogramm

Wer allein versucht, den Unterricht nicht nur zu aktualisieren, sondern auch weiterzuentwickeln, ist überfordert.

Hans Günter Rolff

Möchte eine Schule in der bereits beschriebenen Form das Sozialverhalten fördern, kommt sie nicht umhin, ein pädagogisches Konzept zu erarbeiten, das danach kontinuierlich in die tägliche Erziehungs- und Unterrichtsarbeit umgesetzt wird.

Der Weg beginnt mit einem pädagogischen Tag, an dem zunächst eine Stärken-Schwächen-Analyse des Sozialverhaltens der Schülerinnen und Schüler durchgeführt wird. Diese erste Phase lässt sich verkürzen, wenn die Bestandsaufnahme im Vorfeld des pädagogischen Tages in Form einer schriftlichen Befragung erfolgt. Diese Aufgabe muss von einem

2. Primäre pädagogisch-psychologische Prävention 105

Team übernommen werden, das den Fragebogen entwirft, die Untersuchung durchführt, die Ergebnisse auswertet und am Beginn des pädagogischen Tages präsentiert. In der zweiten Phase wird klassenstufenbezogen überlegt, mit welchen Fördermaßnahmen die festgestellten Defizite abgebaut werden können. Hierzu können Anregungen und Anleitungen aus dem Kapitel 2 hilfreich sein. In der Abschlussphase werden die Stufenkonzepte im Plenum präsentiert und in ein gemeinsames pädagogisches Konzept integriert. Damit die Förderkonzepte in den einzelnen Klassen tatsächlich auch umgesetzt werden, sind baldige Klassenkonferenzen notwendig. In diesen muss geklärt und abgesprochen werden, wer welche Förderaufgabe übernimmt. Im weiteren Verlauf des Schuljahres wird die Förderarbeit in einer Klassenkonferenz bilanziert. Dies bedeutet, dass die Umsetzungserfahrungen ausgetauscht und die nächsten Förderschritte geplant werden.

Es gibt national und international zahlreiche Einzelstudien und Meta-Analysen, die zur Wirksamkeitsanalyse sozialer Verhaltensförderung durchgeführt wurden (Schick, 2010; Schubarth, 2010). Aus den Ergebnissen geht klar hervor, dass sie eine Verbesserung des Sozialverhaltens bewirken und schulische Gewaltvorfälle reduzieren. Am erfolgreichsten sind die Trainingsmaßnahmen in der Grundschule. Dennoch werden auch in der Sekundarstufe beachtliche Wirkungen erzielt. Der Effekt erstreckt sich in beiden Schulstufen nicht nur auf das Sozialverhalten, sondern das Training verbessert auch den Lernerfolg. Die Wirksamkeitsanalysen zeigen zudem, dass dort, wo es gelingt, die Eltern in der Förderarbeit einzubeziehen, der Trainingseffekt zusätzlich erhöht wird.

3 Pädagogisch-psychologischer Werkzeugkasten

Beratung gehört zu den grundlegenden Formen
pädagogischen Handelns.

Stefanie Schniebel

Lehrpersonen befinden immer wieder in der Situation, Gespräche führen zu müssen. Typische Beispiele sind Beratung von Eltern in der Elternsprechstunde, Lernberatung mit einem lernschwierigen Schüler oder Konfliktgespräche mit Eltern, die ihren Erziehungspflichten nicht nachkommen. Mithilfe von Gesprächen kann eine Vielzahl von Lern-, Verhaltens- und Erziehungsproblemen gelöst werden. Sie tragen im gleichen Maße wie ein guter Unterricht zum Erfolg der pädagogischen Arbeit bei. Wie man Gespräche in schulischen Beratungs- und Konfliktsituationen professionell führt, zeigt der folgende Werkzeugkasten.

Allgemeine Problemberatung

Ziel jeder Beratung ist es, den Klienten zu unterstützen,
mit seinem Problem selbst fertig zu werden.

Ursula Wolters

Im Schulalltag wird die Lehrperson immer wieder von Eltern und Schülern konsultiert, die in aktuellen Problemsituationen Rat suchen. Die Wirksamkeit solcher Beratungsprozesse hängt ganz entscheidend von der Grundhaltung des Beraters ab. Aus Sicht des Gesprächstherapeuten Carl Rogers (2007) ist deren wichtigstes Merkmal der Respekt vor der Würde des Mitmenschen. Man verhält sich gegenüber dem Gesprächspartner respektvoll, indem man ihn trotz seiner Probleme als Mitmenschen achtet. Dies heißt nicht, dass man alles gut heißen soll. Ein zweites wichtiges Merkmal ist Empathie. Sie bedeutet, dass man sich in den Gesprächspartner einfühlt und sich darum bemüht, ihn aus der Perspektive seiner Innenwelt zu verstehen. Und schließlich gehört zur Grundhaltung des Gesprächsführenden Echtheit. Echt ist man, wenn das Gesagte mit dem Gedachten und Gefühlten übereinstimmt. Dies heißt jedoch nicht, dass alles, was einem auf der Zunge liegt, ausgesprochen werden muss. Zum Erfolg des Beratungsgesprächs trägt aber nicht nur die Grundhaltung bei, sondern auch eine möglichst *lösungsorientierte Gesprächsstrategie*. Im Mittelpunkt dieses aus der systemischen Psychologie stammenden Ansatzes stehen die Lösungskonstruktion und die Aktivierung von Ressourcen (Hennig/Knödler, 2007; Bamberger, 2010). In einem kooperativen Lösungsprozess hilft die beratende Lehrperson dem Gesprächspartner bei der Problemlösung.

Vor dem Beginn des lösungsorientierten Beratungsgesprächs ist dafür zu sorgen, dass ein separater Ort und ausreichend Zeit vorhanden sind. Möchte die beratende Lehrperson mit dem Gesprächspartner nun ins Gespräch kommen, ist eine Aufwärmphase vonnöten. Man begrüßt ihn freundlich und schafft eine emotionale Atmosphäre, die einen angstfreien Ausdruck von Gedanken und Gefühlen ermöglicht. Entscheidend gefördert wird dieses Wohlbefinden, indem man sich nach dessen persönlich-seelischen Befinden erkundigt. Ist die Kontaktbrücke gebaut, schildert der Gesprächspartner das Problem aus seiner Sicht. Während der Problembeschreibung hält sich die beratende Lehrperson zurück, hört aufmerksam zu und achtet auch auf nicht-sprachliche Signale. Wenn sie interveniert, tut sie dies in sparsamem Maße. Sie bittet um Präzisierung, fasst das Gesagte in eigenen Worten zusammen (Paraphrasieren) und bringt das zum Ausdruck, was emotional bedeutsam ist (Verbalisieren). Wichtig dabei ist, dass die beratende Lehrperson ihre Botschaften in einer einfachen, anschaulichen und bildhaften Sprache übermittelt. Nur so kann der Gesprächspartner herausfinden, ob er verstanden worden ist. Ist das Problem beschrieben, wird gemeinsam überlegt, was sich in welchem Zeitraum verändern soll. In dieser Phase kann die beratende Lehrperson etwas mehr lenken. Die Ziele müssen klar definiert, präzise und positiv formuliert werden. Die Eigenverantwortung des Gesprächspartners für die Zielerreichung ist besonders hervorzuheben. Dabei ist es sinnvoll, Teilziele zu formulieren. Bevor der Zielkonsens definiert wird, muss der Gesprächspartner rückmelden, für wie erreichbar er die Ziele hält. Möglicherweise folgt daraus eine Zielkorrektur. Unmittelbar nach der Zielfindung wird die Lösungskonstruktion in Angriff genommen. In diesem Stadium darf man nicht den Fehler begehen, dem Gesprächspartner die Lösung vorzufabrizieren. Man hält sich zurück und ermutigt ihn zur Ideensammlung. Hierzu sind lösungsförderliche Schlüsselfragen hilfreich (s. Kasten). Sind genügend Ideen geäußert worden, müssen sie hinsichtlich ihrer Tauglichkeit und Umsetzbarkeit bewertet werden. Darauf aufbauend wird ein Lösungsmodell formuliert. Der Gesprächspartner kennt jetzt nicht nur die Ziele, sondern auch die Wege dorthin. Um sicherzustellen, dass das Lösungsmodell tatsächlich auch umgesetzt wird, findet eine Zielvereinbarung statt. Die beratende Lehrperson zeigt nochmals auf, was zu tun ist, um die Ziele zu erreichen. Und sie vereinbart Ort und Zeitpunkt einer Erfolgskontrolle. Am Ende des Beratungsgesprächs fragt man den Gesprächspartner zunächst, wie er das Beratungsgespräch empfunden hat. Abschließend formuliert man einen motivierenden Schlusskommentar und verabschiedet ihn freundlich.

Wenn man sich später zu einer Erfolgskontrolle trifft, wird zum einen bilanziert, welche Änderungsschritte umgesetzt worden sind, und zum anderen wird ehrlich bewertet, in welchem Maße das Problem reduziert worden ist. Wichtig ist, jeden noch so kleinen Fortschritt zu würdigen (Cheerleading) und den Gesprächspartner zu einer Fortsetzung der Änderungsarbeit zu motivieren. Und es sollte auch geprüft werden, ob eine Änderung des bisherigen Lösungsmodells erforderlich ist. Falls ja, müssen die neuen Ziele und Maßnahmen ebenso präzise definiert und vereinbart werden wie im Erstgespräch. Möglicherweise führt die Erfolgskontrolle auch zum Schluss, dass der lösungsorientierte Beratungsansatz für das Problem nicht geeignet ist. Dann muss sich die Beratung auf die Frage konzentrieren, welche Lösungsalternativen sich darüber hinaus anbieten (zum Beispiel Weiterverweisung).

Schrittfolge der lösungsorientierten Beratung

Einstieg
- Begrüßung und Kontaktherstellung
- Klärung der Erwartungen und Möglichkeiten
- Darlegung der Beratungsschritte

Problembeschreibung
- Schilderung des Problems aus der Sicht des Betroffenen
- eventuell Zerlegung des Problems in Teilprobleme
- Schließung von Informationslücken und Klärung von Missverständnissen
- Einigung auf eine gemeinsame Problemsicht

Zielbestimmung
- Überlegung, was das Ziel einer Lösung sein könnte
- kritische Prüfung der Zielerreichung
- Zeitperspektive der Zielerreichung klären
- Einigung auf ein möglichst konkretes Ziel

Lösungskonstruktion
- Suche nach Lösungswegen (Brainstorming)
- Tauglichkeitsprüfung der Ideen
- Einigung auf einen konkreten Lösungsweg

Zielvereinbarung
- Klärung, wer was wann tun muss
- Terminierung einer Erfolgskontrolle

Motivierender Schlusskommentar und Verabschiedung

Lösungsförderliche Schlüsselfragen

Lösungstendenzen
- Was hat sich seit der Vereinbarung des heutigen Termins verändert?
- Hatte es früher einmal eine Phase gegeben, in der Sie das Problem lösen konnten?

Ausnahmen vom Problem
- Wann tritt das Problem nicht so stark oder gar nicht auf?
- Wie könnte man die Ausnahmen zur Regel machen?

Hypothetische Lösung
- Was wäre an Ihrem Verhalten anders, wenn das Problem plötzlich nicht mehr da wäre?

Positives Umdeuten
- Gibt es am Problem auch etwas Positives?

Der Weg ins Problem und zurück
- In welchen Schritten sind Sie ins Problem geraten?
- Welcher Gegenschritt ist jeweils notwendig, um aus dem Problem wieder herauszukommen?

Präzisierung von Zielen und Maßnahmen
- Was wollen Sie konkret verändern?
- Welche Schritte müssen Sie tun, um das Ziel zu erreichen?

Zwanzig Tipps für eine gute Gesprächsführung

1. Wählen Sie einen ruhigen, möglichst entspannenden Gesprächsort.
2. Begrüßen Sie den Gesprächspartner freundlich und klären Sie den inhaltlichen und zeitlichen Rahmen.
3. Achten Sie Ihren Gesprächspartner ungeachtet seiner Probleme als Mensch.
4. Fühlen Sie sich in den Gesprächspartner ein. Versetzen Sie sich in seine Perspektive.
5. Sagen Sie nicht alles, was Ihnen auf der Zunge liegt. Seien Sie aber bei dem, was sie sagen, offen und echt.
6. Nehmen Sie eine dem Partner zugewandte Körperhaltung ein (Blickkontakt!).
7. Sprechen Sie einfach, klar, anschaulich und langsam.
8. Hören Sie aufmerksam und verständnisvoll zu.
9. Führen Sie das Gespräch möglichst mithilfe von Fragen.
10. Fassen Sie die Gesprächsinhalte immer mal wieder kurz zusammen.
11. Achten Sie nicht nur auf das «Was» des vom Gesprächspartner Gesagten, sondern auch auf das «Wie» (Tonfall, Mimik, Gestik, Körperhaltung).
12. Helfen Sie dem Gesprächspartner, Gefühle zum Ausdruck zu bringen.
13. Verstärken Sie das Selbstwertgefühl des Gesprächspartners dort, wo es angebracht ist, durch Wertschätzung, Anerkennung und Ermutigung.
14. Äußern Sie Kritik sachlich und fair. Vermeiden Sie Botschaften («Killerphrasen»), die das Ehrgefühl des Gesprächspartners verletzen.
15. Fallen Sie dem Gesprächspartner nicht ins Wort. Unterbrechen Sie Ihn dann, wenn Sie eine Verständnisfrage für angebracht halten oder wenn er zu monologisieren beginnt.
16. Vermitteln Sie nicht zu viele Informationen auf einmal. Halten Sie sich möglichst an die Eine-Minute-Regel.

17. Beteiligen Sie den Gesprächspartner aktiv an der Erarbeitung von Zielen und Lösungen.
18. Falls für den Beratungserfolg nötig, vereinbaren Sie eine Erfolgskontrolle.
19. Fassen Sie die wesentlichen Gesprächsergebnisse zusammen.
20. Formulieren Sie einen motivierenden Schlusskommentar und verabschieden Sie den Gesprächspartner freundlich.

Spezielle Lernberatung

Lehrer sollen Experten für das Lernen sein.

Michele Eschelmüller

Lernberatung ist eine zeitlich begrenzte und individuelle Förderung der Lernmotivation und der Lernstrategien. Dadurch soll der Schüler sich selbst steuern lernen, Vertrauen zu sich selbst gewinnen und den Lernstoff wirksamer verarbeiten. Nicht auszuschließen ist, dass während der Lernberatung auch mal Verstehenshilfe geleistet wird, indem die Lehrperson eine fachliche Frage beantwortet. Davon sollte man aber nur sparsam Gebrauch machen, denn ansonsten droht die Gefahr, dass aus der Lernberatung rasch eine Nachhilfe wird. Der Schüler soll ja das Angeln lernen und nicht mit Fischen (Stoff) gefüttert werden. Lernberatung erfordert lern- und motivationspsychologisches Grundwissen, lernstrategisches Spezialwissen und eine lernförderliche Grundhaltung (Keller, 2005; Mandl/Friedrich, 2006). Letzteres bedeutet, dass man den Schüler ungeachtet seiner Lernschwierigkeiten akzeptiert, sich in ihn einfühlt, ihn wertschätzt und ihn in Misserfolgssituationen ermutigt.

Eine fundierte Lernberatung setzt eine Lerndiagnose voraus, deren erster Schritt eine *Lernbefragung* ist. Ihr Ziel ist es herauszufinden, wie der Schüler lernt. Da für die Lehrperson nicht übermäßig viel Zeit zur Verfügung steht, sollte sie rationell durchgeführt werden. Hierfür eignen sich entweder eine schriftliche Selbsteinschätzung mithilfe einer Lerncheckliste oder ein Lerninterview (s. Kasten «Checkliste» und «Das Lerninterview»). Danach folgt eine fachbezogene *Lerndiagnose*, die der Feststellung fachlicher Wissenslücken dient. Am besten lassen sich diese durch eine Fehleranalyse ermitteln. Anhand der letzten Klassenarbeiten wird festgestellt und gegebenenfalls ausgezählt, welche Fehlerarten wie häufig vorkommen. Diese Fehleranalyse ist Ausgangspunkt für ein lückenschließendes, individuelles Lernprogramm. Denn der Schüler ist hierzu eher bereit als zu einer zeitaufwändigen Generalwiederholung. Geklärt werden sollte auch, ob die Lernschwierigkeiten, insbesondere im Bereich der Lernmotivation, auf falsches Erziehungsverhalten zurückzuführen sind. Zu nennen sind vor allem Über-Ehrgeiz, Überbehütung, Desinteresse, Ungeduld sowie fehlende Ermutigung und Verstärkung. Fehler in der Lernerziehung können sowohl Lehrern als auch Eltern unterlaufen. Nach der Lerndiagnose sucht die beratende Lehrperson zusammen mit dem Schüler und gegebenenfalls mit dessen Eltern nach *Problemlösungen*. Zunächst einmal muss festgelegt werden, was am dringlichsten zu ändern ist. Zum Beispiel: die Zeitplanung, der eher passive Lernstil, das Vokabellernen sowie die Lücken in Englisch und Mathematik. Wichtig ist, dass sich der Schüler die konkreten Lösungsschritte in Form eines kleinen Änderungsplanes notiert:

- Klassenarbeiten früher vorbereiten
- mehrkanaliges Lernen: schriftliche oder mündliche Zusammenfassungen, Fragen zum Text stellen und selbst beantworten, Begriffsgerüste erstellen
- die Vokabeln schriftlich kontrollieren, bis sie sitzen
- unregelmäßige Verben in Englisch wiederholen
- Lösung von Gleichungen mit zwei Unbekannten üben.

Mancher Lösungsschritt lässt sich während der Beratung praktisch erproben und vermitteln. So kann man den Schüler Vokabeln lernen oder Lerntexte erarbeiten lassen. Diese Art der Handlungsorientierung fördert das Instruktionsverständnis und die Bereitschaft, die vermittelten Lernmethoden ins tägliche Lernen umzusetzen. Darüber hinaus bieten lernpraktische Übungen Erfolgsgelegenheiten.

Das lückenschließende Lernen kann durch Selbst-Lernhilfen unterstützt werden. Am geeignetsten sind nach dem Selbstkontrollprinzip aufgebaute Lernhilfen, und zwar jene, die viele Übungsaufgaben enthalten, deren Lösungen und Lösungswege kontrolliert und nachvollzogen werden können. Ein gutes Lernhilfebuch oder eine Lernsoftware kostet meist nicht mehr als eine Nachhilfestunde und kann genauso wirksam sein. Oft brauchen nur diejenigen Teile durchgearbeitet zu werden, die sich auf die Fehlerschwerpunkte des betreffenden Fachs beziehen. Wichtig ist auch, dass der Stoff in kleinen Portionen wiederholt und das Erledigte im Sinne der Selbstverstärkung im Änderungsplan deutlich abgehakt wird.

Der Erfolg der Lernberatung hängt in starkem Maße von der Vereinbarung einer *Erfolgskontrolle* ab. Denn sonst läuft der Schüler Gefahr, die Lernberatung zwar als angenehm zu erleben, aber daraus keine Konsequenzen zu ziehen. Es findet also nach ein paar Wochen wieder ein Gespräch statt, in dem der Schüler über die Umsetzung seines Änderungsplanes und seine aktuelle Leistungssituation berichtet. In solchen Zwischenbilanzen wird der Ist-Zustand mit den Änderungszielen verglichen. Der Erfolg dieses Bilanzgesprächs steht und fällt mit systematischer Ermutigung sowie der Verstärkung selbst kleinster Fortschritte. Nur dadurch wird Änderungsmotivation erzeugt. Die Bilanzgespräche müssen nicht so aufwändig sein wie das Erstgespräch. Sie können den Charakter eines Pausengesprächs haben. Die Intervalle zwischen den Bilanzgesprächen sollten, wenn Lernerfolge sichtbar werden, verlängert werden. Denn Ziel der Lernberatung ist ja nicht eine Dauerbetreuung, sondern Hilfe zur Selbsthilfe.

Die Grenzen der Lernberatung liegen dort, wo andere Ursachen am Lernproblem maßgeblich beteiligt sind. Beispielsweise kann ein Familienklima so gestört sein, dass das Lernverhalten bzw. die Schulleistungen gravierend beeinträchtigt werden. In diesem Falle wäre es angebracht, die Familie zur Konsultation einer Psychologischen Beratungsstelle zu motivieren. Aus der Lerndiagnose kann auch hervorgehen, dass ein Schüler fleißig und methodisch richtig lernt, aber dennoch schlechte Noten schreibt. In diesem Falle müsste der Schulpsychologische Dienst oder der Beratungslehrer testdiagnostisch klären, ob der Schüler kognitiv überfordert ist. Sollte sich diese Hypothese bestätigen, wäre ein Schulartwechsel die geeignetere Problemlösung.

3. Pädagogisch-psychologischer Werkzeugkasten

Checkliste zur Selbsteinschätzung des Lern- und Arbeitsverhaltens

Name .... Vorname ....

Schule .... Klasse .... Alter ....

Kreuze ehrlich an, in welchem Maße die folgenden Aussagen auf dich zutreffen.

	nie	selten	manchmal	häufig	immer
Lernmotivation					
1. Ich kann selbstständig lernen, ohne dass meine Eltern mich drängen oder mir drohen müssen.	1	2	3	4	5
2. Ich erledige meine Hausaufgaben.	1	2	3	4	5
3. Auf Klassenarbeiten bereite ich mich gründlich vor.	1	2	3	4	5
4. Ich setze mir Ziele, um mich zum Lernen zu bewegen.	1	2	3	4	5
5. Ich arbeite im Unterricht mit.	1	2	3	4	5
Lernorganisation					
6. Ich trage angesagte Klassenarbeiten in einen Terminkalender ein.	1	2	3	4	5
7. Ich schreibe auf, welche Hausaufgaben zu erledigen sind.	1	2	3	4	5
8. Ich bereite mich auf Klassenarbeiten frühzeitig vor.	1	2	3	4	5
9. Wenn viel zu lernen ist, lege ich vorher genau fest, was ich in welcher Reihenfolge anpacke.	1	2	3	4	5
10. Häufig benötigte Arbeitsmittel sind an meinem häuslichen Lernplatz griffbereit.	1	2	3	4	5
Gedächtnis					
11. Ich prüfe schriftlich, ob meine Vokabeln sitzen.	1	2	3	4	5
12. Ich bereite mich auf Mathematikarbeiten vor, indem ich einzelne Aufgaben nochmals schriftlich rechne.	1	2	3	4	5
13. Aus Lerntexten schreibe ich wichtige Stichwörter heraus.	1	2	3	4	5
14. Das Einprägen schwer merkbaren Lernstoffes erleichtere ich mir durch Bilder oder bildhafte Vorstellungen.	1	2	3	4	5
15. Ich wiederhole alten Lernstoff.	1	2	3	4	5
16. Beim häuslichen Lernen lege ich Pausen ein.	1	2	3	4	5
17. Wenn ich lerne, ist es leise.	1	2	3	4	5
18. Ich achte darauf, dass auf meinem Lernplatz nur Lernsachen liegen.	1	2	3	4	5

Kreuze ehrlich an, in welchem Maße die folgenden Aussagen auf dich zutreffen.

	nie	selten	manchmal	häufig	immer
Konzentration					
19. Wenn es mir langweilig wird, wechsle ich den Lernstoff.	1	2	3	4	5
20. Im Unterricht passe ich gut auf.	1	2	3	4	5
Aufgabenlösen					
21. Ich rechne nicht drauflos, sondern überlege zunächst gründlich, was gegeben bzw. gesucht ist und welche Regel ich anwenden kann.	1	2	3	4	5
22. Schwierige Aufgabentexte mache ich mir verständlich, indem ich sie in eigene Worte übersetze oder eine Zeichnung anfertige.	1	2	3	4	5
23. Während der Aufgabenlösung frage ich mich immer mal wieder, ob ich noch auf dem Weg zum Ziel bin.	1	2	3	4	5
24. Wenn ich mich verrannt habe, gebe ich nicht sofort auf, sondern mache mir Mut.	1	2	3	4	5
25. Ich prüfe das Endergebnis genau.	1	2	3	4	5

Das Lerninterview

Lernmotivation
Wie bringst du dich zum Lernen?
Wie regelmäßig machst du deine schriftlichen, wie regelmäßig deine mündlichen Hausaufgaben?
Wie bewältigst du größere Stoffmengen (zum Beispiel einen umfangreichen Klassenarbeitsstoff)?
Welchen Sinn siehst du im Lernen?
Was geht dir nach Misserfolgen durch den Kopf?
Welche Schulfächer interessieren dich, welche weniger oder gar nicht?
Was möchtest du später einmal werden?

Lernorganisation
Was machst du, wenn in der Schule wichtige Termine angekündigt werden?
Wie gestaltest du den Ablauf deiner Hausaufgaben?
Wann beginnst du dich auf Klassenarbeiten vorzubereiten?
Wie sieht dein häuslicher Arbeitsplatz aus?
In welchem Zustand befinden sich deine Lern- und Arbeitsmittel?

3. Pädagogisch-psychologischer Werkzeugkasten

Gedächtnis
Wie machst du dir Lernstoff verständlich?
Wie lernst du Vokabeln?
Wie lernst du Mathematik?
Wie merkst du dir den Inhalt längerer Lerntexte?
Wie oft wiederholst du alten Lernstoff regelmäßig?
Was machst du mit schwer merkbarem Lernstoff?

Problemlösen
Wie gehst du beim Lösen einer mathematisch-naturwissenschaftlichen Aufgabe vor?
Wie machst du dir einen komplizierten Aufgabentext verständlich?
Wie gehst du vor, wenn du einen Aufsatz schreiben musst?
Wie und wann kontrollierst du bei mathematisch-naturwissenschaftlichen Aufgaben Zwischen- und Endergebnisse?

Konzentration
Wie lange kannst du konzentriert arbeiten?
Lässt du dich beim Lernen leicht ablenken und wodurch?
Wie bewältigst du Konzentrationsstörungen?
In welcher Reihenfolge machst du deine Lernaufgaben?

Konfliktgespräche mit Schülern

Die Art und Weise, wie solche Konfliktgespräche geführt werden, kann als spezifischer Aspekt der Kultur einer Klasse bzw. einer Schule betrachtet werden.

Rolf Göppel

Die häufigsten Konfliktanlässe im Konfliktfeld Lehrer-Schüler sind Disziplinverstöße. Ein Großteil davon ereignet sich während der Unterrichtsstunde. Um den Unterrichtsablauf nicht zu gefährden, intervenieren viele Lehrpersonen, indem sie den Störer ermahnen oder sanktionieren. Solche Direktreaktionen lösen den Konflikt häufig nicht. Will man ihn nachhaltig lösen, sollte man vor allem mit chronischen Störern zu einem späteren Zeitpunkt ein Konfliktgespräch führen. Hierzu gibt es zwei Varianten: das *Kurzgespräch* nach dem Ende der Unterrichtsstunde und das etwas später stattfindende *Intensivgespräch*.

Das **Kurzgespräch** findet direkt im Anschluss an die Unterrichtsstunde statt. Sein Vorteil besteht vor allem im geringen Zeitabstand zur Störsituation. Nachteilig ist, dass hierfür wenig Zeit zur Verfügung steht und einem einerseits nur wenig Regenerationszeit verloren geht, die man dringend für den Stressabbau bräuchte. Die Aufforderung zum Kurzgespräch erhält der Schüler in der Störsituation: «Komm nach der Unterrichtsstunde zu mir. Ich möchte mit dir sprechen.» Erfahrungsgemäß wird sich ein Schüler nach diesem Signal seines Fehlverhaltens bewusst und beginnt darüber zu reflektieren. Das Kurzgespräch sollte in einem gewissen räumlichen Abstand zu den Mitschülerinnen und Mitschülern stattfinden. Die Lautstärke ist so zu bemessen, dass niemand den Gesprächsinhalt hören kann. Das kurze Konfliktgespräch ist keine Moralpredigt und auch kein Tadel im traditionellen Sinne. Es erfordert Selbstbeherrschung und Coolness. Man teilt dem Schüler zunächst die Betroffenheit über sein Störverhalten mit: «Deine Nebengespräche haben mich geärgert.» Gleichzeitig weist man ihn darauf hin, dass er gegen eine vereinbarte Verhaltensregel verstoßen hat. Im Anschluss daran ist ein Blick in die Störmotivation angezeigt. Hierzu empfiehlt sich folgende Frage: «Warum fällt es dir so schwer, dich an diese Regel zu halten?» Möglicherweise hat der Schüler ein Problem, das er sich von der Seele reden wollte. Vielleicht liegt er mit dem Sitznachbarn im Clinch. Eventuell hat er den Stoff nicht verstanden. Seine Antwort kann die Ursache erklären helfen. Nach dieser Gesprächsphase muss ihm eine Änderungsbotschaft übermittelt werden. Man teilt ihm mit, dass man das Störverhalten nicht duldet und nennt das Zielverhalten in positiver Form: «Ich mag deine Nebengespräche nicht und ich möchte, dass du aufpasst.» Der Erfolg der Änderungsbotschaft kann bei Schülern, die immer wieder Regeln verletzen, durch die Androhung einer Konsequenz gefördert werden: «Wenn du wieder so störst, werde ich dich bestrafen müssen.» Hilfreich ist es, wenn man ihm abschließend noch einen Tipp zur Verhaltenssteuerung gibt: «Wenn du den Stoff nicht verstehst, melde dich oder komme nach der Stunde zu mir.»

Das Intensivgespräch ist angezeigt, wenn es sich um eine gravierende Störung handelt oder wenn der Störer wiederholt auffällt. Es findet nicht unmittelbar nach der Unterrichtsstunde statt, sondern später. Als Gesprächsort ist ein separater Raum zu empfehlen, in dem man ungestört miteinander reden kann. Das intensive Konfliktgespräch erfordert

3. Pädagogisch-psychologischer Werkzeugkasten 119

von der Lehrperson eine respektvolle Grundhaltung. Darunter ist zu verstehen, dass man den Schüler ungeachtet seiner Schwierigkeiten als Menschen achtet.

Nach der Begrüßung nennt man den Gesprächsanlass, indem man in Form einer Ich-Botschaft das störende Verhalten benennt und die damit ausgelösten Gefühle ausdrückt. Zugleich muss betont werden, dass man es nicht akzeptieren kann. Schließlich wird auf die Regel hingewiesen, die durch das Störverhalten verletzt worden ist. Alternativ könnte man den Schüler aber auch fragen, wie die entsprechende Regel heißt. In diesem Stadium besteht die Gefahr, dass der Schüler einen starken Widerstand aufbaut, weil er sich durch die Konfrontation mit seinem Fehlverhalten gekränkt fühlt. Dieser Gefahr kann man entgegenwirken, wenn man auch das hervorhebt, was man an ihm gut findet und wertschätzt. Nach dieser Einleitung wird die Sicht des Schülers erkundet. Er wird aufgefordert, den Konflikt aus seiner Sicht zu schildern. Sollte dabei tatsächlich herauskommen, dass die Lehrperson Wahrnehmungsfehler begangen hat, muss sie dies eingestehen. Leugnet der Schüler wider besseres Wissen den Normbruch oder stellt er das Regularium generell in Frage, ist der Hinweis wichtig, dass es nicht verhandelbare Grenzen gibt, die für alle gelten. Nach dem Austausch der Sichtweisen wird die Frage nach der Ursache des Störverhaltens gestellt. Dies soll nicht im Anklageton geschehen, sondern in einer Form, die den Schüler zur Antwort ermutigt. Eine solche Frage könnte lauten: «Wie kam es zu deinem Fehlverhalten?» Durch eine solche Frage verhilft man dem Schüler zu einer Selbstklärung. Er wird sich der Beweggründe bewusst, die ihn bisher unbewusst gesteuert haben. Beispielsweise kann dem Klassenclown zum einen bewusst werden, dass er stört, um von der Klasse die Anerkennung zu erhalten, die er vorher nicht hatte. Zum anderen kann er erkennen, dass dieser Vorteil nur von kurzer Dauer ist und das Fehlverhalten ihm langfristig schadet. Aufschlussreich ist es, wenn der Schüler sein Fehlverhalten mit Frustrationen begründet, die in einer schwierigen Familiensituation wurzeln. Derartige Informationen lassen sein Disziplinproblem in einem neuen Licht erscheinen. Konsequenz daraus ist, dass bei der Problemlösung ein Elterngespräch oder professionelle außerschulische Hilfe (vgl. Kap. 4) erwogen werden müssen. An dieser Stelle fasst man das bisher Gesagte, Erfahrene und Verstandene zusammen. Und man überlegt gemeinsam, wie das Ziel einer Verhaltensänderung erreicht werden kann. Die Lösungssuche kann durch folgende, den Änderungsehrgeiz herausfordernde Frage forciert werden: «Traust du dir eine Änderung zu?» Nun müssen Lösungen gefunden werden, die auf das Fehlverhalten abgestimmt sind. Der Klassenclown setzt sich zum Ziel, seine Anerkennung auf anderen Wegen zu erreichen, beispielsweise indem er sich hilfsbereit zeigt. Der Schwätzer nimmt sich vor, das, was er mit seinem Nachbarn bespricht, in der Pause loszuwerden. Der Tagträumer will seine Unaufmerksamkeit durch aktive Mitarbeit in den Griff bekommen. Die Verhaltensänderung, die der Schüler in Angriff nimmt, wird in Form einer Vereinbarung festgelegt, und zwar am besten schriftlich. Dieser Verhaltensvertrag übt mehr Zugkraft aus als das, was man sich lediglich willentlich vornimmt. Danach wird der Schüler gefragt, welche Unterstützung er braucht, um das Ziel sicher zu erreichen. Äußert er einen realisierbaren Wunsch, wird ihm die Erfüllung im Vertrag schriftlich zugesichert. Zur Vereinbarung gehört auch die Terminierung einer Erfolgskontrolle. Bevor der Schüler freundlich und motivierend verabschiedet wird, muss er auch über die Konsequenzen aufgeklärt werden, die bei weiteren Regelverstößen erfolgen.

Verhaltensvertrag

Name: .... Vorname: .... Klasse: ....

Zwischen mir und Herrn/Frau .... wurden am .... folgende Verhaltensänderungen vereinbart:

Ich erhalte folgende Unterstützung:

Am .... um .... Uhr werden wir gemeinsam prüfen, welche Fortschritte ich gemacht habe.
Falls sich mein Verhalten nicht bessert, geschieht Folgendes:

Unterschrift Schüler   Unterschrift Lehrer

Leitfaden für Konfliktgespräche mit Schülern

1. Einladung zum Konfliktgespräch
«Ich möchte mit dir über dein Verhalten sprechen. Komme bitte um … Uhr ins Zimmer …»

2. Gesprächseröffnung
«Ich bin sehr verärgert, dass du zum wiederholten Mal …»
«Ich kann dieses Verhalten nicht akzeptieren …»
«Es verstößt gegen die Regel …, die dir sicherlich bekannt ist.»

3. Konflikterhellung
«Wie siehst du das Problem aus deiner Sicht?»
«Warum fällt es dir so schwer, dich an diese Regel zu halten?»

4. Lösungssuche
«Ich möchte, dass du in Zukunft …»
«Wie kannst du das Ziel erreichen?»

5. Vereinbarung
«Ich möchte das, was du verändern musst, schriftlich festlegen – in Form dieses Verhaltensvertrages.»
«Wenn sich dein Fehlverhalten nicht verändert, geschieht leider …»

6. Verabschiedung
«Es ist gut, dass wir das Gespräch miteinander geführt haben.»
«Ich wünsche dir, dass du das vereinbarte Ziel erreichst.»

Konfliktgespräche mit Eltern

Der Erfolg eines Elterngesprächs wird unter anderem auch dadurch bestimmt, in welchem Gefühlszustand ich das Gespräch beginne. Beginne ich es mit dem Gefühl der Gelassenheit, Zuversicht und voller Selbstvertrauen oder nagen Ängste und Zweifel an mir?

Claudius Hennig und Wolfgang Ehinger

Wenn sich Schülerprobleme trotz erster pädagogischer und disziplinarischer Maßnahmen nicht beheben lassen, ist es an der Zeit, die Eltern anzusprechen und sie zu einem Konfliktgespräch zu bitten. Je länger man diese Intervention aufschiebt, desto chronischer wird das Problem und desto schwieriger gestaltet sich die Problemlösung. Ein Konfliktgespräch mit den Eltern braucht günstige Rahmenbedingungen. Wer eine gute Gesprächsbereitschaft schaffen möchte, muss einen Gesprächsort auswählen, an dem sich ungestört miteinander reden lässt. Der Konflikt sollte mit Fingerspitzengefühl zur Sprache gebracht werden. Am besten ist es, ihn in Form von Ich-Botschaften zu verbalisieren. «Ihr Sohn macht mir Sorgen» ist seelisch sicherlich verträglicher als «Ihr Sohn ist verhaltensgestört». Bei der Darlegung der Konfliktpunkte sollte auch sauber getrennt werden zwischen Tatsachen und Vermutungen. Letztere sind sehr vorsichtig auszudrücken. Ist der Konflikt thematisiert, müssen die Eltern ausreichend Zeit erhalten, ihre Meinung und ihre Konfliktwahrnehmung vorzutragen. Dabei hört man ihnen aufmerksam zu, fällt ihnen nicht ins Wort und versucht, sie und ihre Familiensituation aus ihrer Perspektive zu verstehen. Auch wenn sie erregt sind, behandelt man sie höflich und geht mit ihnen fair um. Dies hilft ihnen bei der Selbstkontrolle. Zusätzlich gesprächsförderlich ist es, wenn man in hitzigen Phasen den Konfliktstoff versachlicht. Um sich zu vergewissern, ob man das Gehörte richtig verstanden hat, fasst man es immer mal wieder in eigenen Worten zusammen. Dadurch können Missverständnisse sofort geklärt werden. Meist sind zum tieferen Konfliktverständnis die Schilderung konkreter Beispiele und das Stellen weiterer Fragen notwendig. Hierzu sind offene Fragen besonders geeignet: Wie? Was? Woran? Warum? Durch diese Fragetechnik werden die Ressourcen und Lösungspotenziale aktiviert. Diese Gesprächsphase darf durch vorschnelle Bewertungen und Generalisierungen nicht gestört werden. Ist Kritik angebracht, sollte man sie in Wünsche und Erwartungen umformulieren. Statt «Sie vernachlässigen ihre Pflicht zur Lernkontrolle» kann man sagen «Sorgen Sie bitte dafür, dass ihr Kind die Hausaufgaben regelmäßig erledigt». Letzteres wird vom Empfänger positiver aufgenommen. Es entsteht auch mehr Änderungs- und Kompromissbereitschaft, wenn Konfliktpunkte humorvoll kommentiert oder positiv umgedeutet werden (Ehinger/Hennig, 2006). So kann der Klassenlehrer, der mit den Eltern über ihr trotziges Kind spricht, sagen: «Auch wenn er uns Schwierigkeiten bereitet, zeigt er einen starken Willen.» Ist ein Konfliktthema gründlich besprochen und haben beide Gesprächspartner eine gemeinsame Problemsicht gefunden, kann die Lösungsarbeit beginnen. Zunächst wird darüber nachgedacht, was das Ziel einer Konfliktlösung sein kann. Es muss konkret, konsensfähig und realisierbar sein. Ist das Ziel definiert, sollten Lösungsideen gesammelt werden. Dabei ist die Regel «Keine Kritik während des Ideensammelns» unbedingt zu beachten. Und von Vorteil ist es, wenn die einzelnen Ideen visualisiert werden. Ist das Brainstorming abgeschlossen, werden sie hinsichtlich ihrer Lösungstauglichkeit bewertet. Resultat soll ein gangbarer Lösungsweg sein, der in Form einer Zielvereinbarung klar und anschaulich beschrieben wird (s. Kasten «Zielvereinbarung»). Am Ende der Konfliktbearbeitung vereinbart man mit den Eltern ein Bilanzgespräch. Und es tut ihnen gut, wenn man sich für ihre Gesprächsteilnahme bedankt und sie zur Umsetzung des Vereinbarten ermutigt.

Leitfaden für das Elterngespräch

1. Klärung des Gesprächsanlasses
2. Schilderung des Problems aus Lehrersicht
3. Stellungnahme aus Elternsicht
4. gemeinsame Problemsicht
5. Zieldefinition
6. Erarbeitung von Lösungsideen
7. Bewertung der Lösungstauglichkeit
8. Zielvereinbarung
9. Festlegung eines Bilanzgesprächs
10. Abschluss

Zielvereinbarung

Mit den Eltern des Schülers/der Schülerin .... aus der Klasse .... habe ich am .... ein Gespräch geführt.

Es ging um folgendes Problem:

Ziel der Problemlösung ist:

Um dieses Ziel zu erreichen, sind folgende Schritte nötig:

Am .... wird eine Erfolgskontrolle stattfinden.

Unterschrift des Vaters

Unterschrift der Mutter

Unterschrift der Lehrperson

4 Pädagogisch-psychologisches Hilfesystem

Die beste Selbsthilfe besteht manchmal darin, sich um professionellen Beistand zu bemühen.

Michael Sheely und Francine Cournos

Wenn sich schulische Probleme durch Selbsthilfe und pädagogische Erste Hilfe nicht lösen lassen, sollten Eltern gemeinsam mit dem Klassenlehrer professionelle Hilfe in Erwägung ziehen. Eine rechtzeitige Konsultation von Fachleuten ermöglicht eine gründliche Ursachenanalyse, eröffnet Lösungswege und verhindert, dass das Problem chronisch wird. Im Folgenden wird dargestellt, welche Fachkräfte und Fachdienste im Falle von Schulproblemen zur Verfügung stehen.

Beratungslehrer

Beratungslehrer bilden durch ihre Ausbildung eine Brücke zu den externen Schulpsychologischen Diensten.

Hans-Peter Langfeldt

Beratungslehrer sind Fachkräfte, die neben ihrer Lehrtätigkeit im Schulsystem spezielle pädagogisch-psychologische Hilfeleistungen anbieten. Die hierzu nötige Fachkompetenz erwerben sie in einer Zusatzausbildung, deren zentrale Inhalte die Psychodiagnostik, die Gesprächsführung, die Bildungs- bzw. Schullaufbahnberatung und die Hilfe bei Lern-

und Leistungsproblemen sind. Der Beratungslehrer ergänzt die Arbeit des Schulpsychologischen Dienstes und arbeitet mit diesem eng zusammen. Für die Beratungstätigkeit erhält er einige Stunden Unterrichtsentlastung pro Woche. Zu den Tätigkeitsschwerpunkten zählen die

- Entscheidungshilfe und Information bei der Wahl von Bildungswegen (Bildungs- bzw. Schullaufbahnberatung)
- Einzelfallhilfe bei Schulschwierigkeiten (insbesondere bei Lern- und Leistungsschwierigkeiten)
- Elternarbeit (zum Beispiel Vorträge auf Elternabenden).

Wenn der Beratungslehrer ein Schulproblem nicht lösen helfen kann, muss er mit schulexternen Fachpersonen und Institutionen kooperieren. Dies wird vor allem dann notwendig, wenn ihm Schülerinnen und Schüler mit gravierenden Entwicklungs- und Verhaltensstörungen vorgestellt werden. Besteht zum Beispiel bei einem konzentrationsschwierigen Kind der Verdacht auf Aufmerksamkeitsstörung mit Hyperaktivität (ADHS), ist eine Weiterverweisung an die nächstgelegene kinderpsychiatrische Praxis oder Klinik angezeigt. Wichtig dabei ist, dass der Beratungslehrer die regionalen psychosozialen Versorgungseinrichtungen und die betreffenden Ansprechpartner kennt.

Erziehungsberatung

Heutige Eltern stehen, anders als jede Generation vor ihnen, unter einem großen Erziehungsdruck.

Sigrid Tschöpe-Scheffler

Wenn Eltern nicht in der Lage sind, Erziehungs- und Entwicklungsschwierigkeiten ihres Kindes allein zu bewältigen, können sie bei einer Psychologischen Beratungsstelle erziehungsberaterische Hilfe erhalten. Das Spektrum der Hilfsmaßnahmen reicht vom Informationsgespräch über das intensive Beratungsgespräch, die diagnostische Problemklärung und Psychotherapie bis hin zur Arbeit im sozialen Umfeld der Ratsuchenden.

Träger der Psychologischen Beratungsstellen sind in der Regel Kommunen, Landkreise, Kirchen und Wohlfahrtsverbände. Die Beratungsteams sind multiprofessionell (Psychologen, Sozialarbeiter, Heilpädagogen). Sie arbeiten mit anderen Einrichtungen zusammen, insbesondere mit dem Allgemeinen Sozialen Dienst, Kindertagesstätten, Ärzten und Kliniken. Die Inanspruchnahme geschieht auf der Basis von Freiwilligkeit und scheitert normalerweise nicht an finanziellen Fragen. Alles, was in der Beratung besprochen wird, unterliegt der Schweigepflicht. Viele Beratungsstellen bieten nicht nur Erziehungsberatung im engeren Sinne an, sondern auch Paarberatung, Jugendberatung, Lebensberatung und Suchtberatung. Falls in der Psychologischen Beratungsstelle das Problem nicht gelöst werden kann, weiß man, welche Fachleute und Institutionen als nächste Anlaufstellen in Frage kommen (Kinder- und Jugendpsychiater, klinische Einrichtungen, soziale Dienste).

Internetadresse
http://www.bke.de
(Verzeichnis der Erziehungsberatungsstellen in Deutschland)

Schulpsychologischer Dienst

Der wichtigste Helfer – wohl aber nicht der einzige – für den Lehrer ist ohne Zweifel der Schulpsychologe.

Walter Bärsch

Träger dieser auch als Schulpsychologische Beratungsstellen bezeichneten Einrichtungen sind größtenteils die Bundesländer oder die Kommunen. Dort oder mancherorts auch direkt an der Schule bieten Schulpsychologinnen und Schulpsychologen Hilfe an bei
- Orientierungs- und Entscheidungsschwierigkeiten
- gravierenden Lern- und Leistungsstörungen
- schulischen Verhaltensauffälligkeiten
- emotionalen Störungen (Schulangst, Kontaktangst)
- Mobbing
- Schulkonflikten.

Die schulpsychologische Beratung beginnt mit einer Problemklärung, die mithilfe von Gesprächen, Verhaltensbeobachtungen und Tests durch-

geführt wird. Ziel ist eine genaue Ursachenanalyse. Die Problemursachen können liegen in
- kognitiver Unter- oder Überforderung
- Teilleistungsstörungen
- Lernstrategie- und Motivationsdefiziten
- Erziehungsfehlern
- schulischen und häuslichen Beziehungsstörungen
- einer besonderen familiären Problemsituation.

Entsprechend dem Ursachenschwerpunkt werden in Zusammenarbeit mit dem Schüler, dessen Eltern und der Schule Änderungsziele definiert und Änderungsmaßnahmen eingeleitet. Diese können darin bestehen, dass
- die Klasse oder die Schule gewechselt wird
- effektivere Lernstrategien eingeübt werden
- Entspannungs- und Konzentrationstrainings durchgeführt werden
- durch systematische Ermutigung das Selbstwertgefühl verbessert wird
- Ängste abgebaut werden
- ein positives Sozialverhalten aufgebaut wird
- der Umgang mit dem Problemschüler verändert wird
- eine Weiterverweisung (zum Beispiel an niedergelassene Therapeuten) stattfindet.

Wichtig zu wissen ist, dass schulpsychologische Beratung freiwillig und kostenlos ist und die Beratungsinhalte der Schweigepflicht unterliegen.

Heutzutage sind Schulpsychologinnen und Schulpsychologen nicht nur mit Schülerhilfe beschäftigt, sondern sie sind auch in folgenden Bereichen tätig:
- Aus- und Fortbildung von Beratungslehrern
- Lehrerberatung und Lehrersupervision
- schulinterne und regionale Lehrerfortbildungen
- Prozessbegleitung in der Schulentwicklung
- Coaching für Schulleitungen
- Elterninformationsveranstaltungen
- konzeptionelle Beratung bei Schulprojekten
- Krisenintervention.

Sowohl die schulpsychologische Beratung als auch die Erziehungsberatung können durch Schulsozialarbeit und sozialpädagogische Hilfen (zum Beispiel sozialpädagogische Familienhilfe) ergänzt werden kann. So ist es möglich, dass ein Schüler mit notorischen Hausaufgabenversäumnissen, die auf familiäre Strukturdefizite zurückzuführen sind, eine Zeitlang eine Hausaufgabenbetreuung erhält.

Internetadressen

http://www.schulpsychologie.de (Verzeichnis der Schulpsychologischen Dienste in Deutschland)
http://www.schulpsychologie.at (Verzeichnis der Schulpsychologischen Dienste in Österreich)
http://www.schulpsychologie.ch (Verzeichnis der Schulpsychologischen Dienste in der deutschsprachigen Schweiz)

Allgemeiner Sozialer Dienst

Jeder junge Mensch hat ein Recht auf Förderung seiner Entwicklung und auf Erziehung zu einer eigenverantwortlichen und gemeinschaftsfähigen Persönlichkeit.

§ 1 des Kinder- und Jugendhilfegesetzes

Der Allgemeine Soziale Dienst (ASD) ist ein sozialer Dienst der kreisfreien Städte und Gemeinden, der dem Jugendamt zugeordnet ist. Seine Aufgaben sind durch das Kinder- und Jugendhilfegesetz bestimmt:
- Hilfestellung in allen Fragen der Erziehung und bei allen persönlichen Problemen von Kindern, Jugendlichen und deren Eltern
- Beratungen, Hausbesuche, Hilfsangebote in den Familien (Sozialpädagogische Familienhilfe, Erziehungsbeistandschaften), langfristige Betreuungen von Familien
- Angebote zur Förderung der Erziehung in der Familie (Hilfe zur Erziehung)
- Tätigwerden in Fällen akuter Kindeswohlgefährdung
- Beratung in Fragen der Partnerschaft, Trennung und Scheidung sowie bezüglich der Umgangsregelung

- Mitwirkung an Verfahren vor dem Familiengericht (Sorgerecht, Umgang)
- Beratung und Unterstützung bei der Ausübung der Personensorge
- Angebot und Umsetzung von teil- und vollstationären Hilfsangeboten (zum Beispiel Tagespflege, Vollzeitpflege, Heimunterbringung)

Zum einen sollten Eltern von der Schule vor allem dann zur Konsultation des ASD motiviert werden, wenn ein gravierendes familiäres oder soziales Erziehungsproblem vorliegt, das im Kontext der Schulberatung nicht behoben werden kann. In einer solchen Notlage kann der ASD notwendige Hilfen organisieren, begleiten und in Form eines Hilfeplans koordinieren. Vor dem Beginn der Hilfemaßnahmen dürfen die Eltern und ihre Kinder ihre Vorstellungen und Wünsche äußern. Zum anderen muss der ASD bei akuter Gefahr für das Kindeswohl Kenntnis erhalten. In Notlagen wie Misshandlung, Missbrauch, Vernachlässigung oder Schulverweigerung leitet er Maßnahmen zum Schutz des Kindes oder Jugendlichen ein.

5 Pädagogisches Stressmanagement

Wenn einer Schule gehalten ungefähr zehen Jahr, so mag er mit gutem Gewissen davon lassen; denn die Arbeit ist zu groß und man hält sie geringe.

Martin Luther

Obwohl die nicht-pädagogische Öffentlichkeit oft anderer Meinung ist, ist die schulpädagogische Arbeit eine in starkem Maße Stress erzeugende Tätigkeit. Dies ist eindeutiges Ergebnis verschiedener Studien zur Lehrergesundheit (Krause et al., 2007; Rothland, 2007; Schaarschmidt, 2009). Unter pädagogischen Arbeitsstress versteht man körperlich-seelische Reaktionen auf innere und äußere berufliche Belastungen. Dieser humanberufliche Stress war schon vor 100 Jahren bekannt. Man sprach damals von der Lehrerkrankheit. In den sechziger und siebziger Jahren des 20. Jahrhunderts wurde er genauer erforscht. Herbert Freudenberger (1981) identifizierte ein Belastungsphänomen, das durch eine chronische körperliche, seelische und geistige Ermüdung gekennzeichnet ist. Er nannte es *Burnout*. Aus dem Blickwinkel seiner wissenschaftlichen Erkenntnisse sind vor allem diejenigen Menschen burnoutgefährdet, die mit großem Engagement ihre berufliche Tätigkeit beginnen. Nur eine Kerze, die zuvor entflammt ist, kann schließlich auch erlöschen. Der Prozess des Ausbrennens vollzieht sich in fünf charakteristischen Phasen:
1. Begeisterung (Spaß an der pädagogischen Arbeit)
2. Stagnation (Umsetzungsschwierigkeiten, Widerstände)
3. Frustration (Schule wird zur Enttäuschung, Negativdenken, Druckmittel)

4. Apathie (Drosselung des täglichen Engagements)
5. Burnout (körperliche, seelische, geistige Erschöpfung)

Der pädagogische Arbeitsstress ist multikausal bedingt. Aus den vielen Belastungsstudien ergibt sich ein vielfältiges Ursachenmuster:

Individuelle Ursachen
- nachlassende körperliche Spannkraft
- riskantes Gesundheitsverhalten
- zu viel Sensibilität, Helfermentalität
- negatives Denken
- kritische Lebensereignisse
- Lücken im beruflichen Repertoire

Interpersonelle Ursachen
- schlechtes kollegiales Klima
- wenig pädagogischer Konsens
- kein seelisch-soziales Stützsystem
- Lehrer-Schüler-Konflikte
- Eltern-Lehrer-Konflikte
- Leitung-Lehrer-Konflikte

Institutionelle Ursachen
- Schule im sozialen Brennpunkt
- schlechte Schulökologie (Lärm, Dichtestress)
- große Klassen
- 45-Minuten-Rhythmus
- wenig Beförderungschancen
- wenig psychologische Berufsvorbereitung und -begleitung

Gesellschaftliche Ursachen
- familienstruktureller Wandel
- verändertes Verhalten bei Kindern und Jugendlichen
- hektischer Lebensstil
- Ressourcenknappheit
- zu hohe Erwartungen an die Schule
- Geringschätzung des Lehrerberufs.

Wer die persönliche und gemeinsame Stressbewältigung verbessern möchte, braucht Anregungen und Anleitungen. Diese werden nachstehend vermittelt.

Positives Denken

Nicht die Dinge selbst beunruhigen uns, sondern die Meinungen, die wir über die Dinge haben.

Epiktet

Die Erkenntnis, dass wir uns selbst stressen können, ist schon den antiken Stoikern bewusst gewesen. Sie ist durch die moderne Psychotherapie bestätigt worden (Ellis, 2008). Demnach erzeugen unsere Ideale, Gedanken, Einstellungen und Bewertungen einen Gutteil unserer emotionalen Stressreaktionen (Ärger, Wut, Angst, Panik). Jeder Mensch hat pro Tag circa 60 000 Gedanken, 80 Prozent davon sind ständig wiederkehrende Denkmuster. Besonders schädlich sind «innere Diktatoren» wie die folgenden:
- «Ich darf keine Fehler machen.»
- «Es ist wichtig, dass mich alle mögen.»
- «Ich muss besser sein als die anderen.»
- «Ich bin nur dann wertvoll, wenn ich tüchtig bin.»
- «Ich bin vom Pech verfolgt.»
- «Ich darf nicht kritisiert werden.»

Darüber hinaus tragen zur Stressbelastung bei:
- sich selber erfüllende Prophezeiungen («Das wird schief gehen.»)
- Katastrophisierungen («Das ist das Schlimmste, was mir passieren kann.»)
- Ausschließlichkeitsbehauptungen (immer, nie, alle, sicher, alles, keiner).

Wer sich auf die Suche nach dem Ursprung solcher Stressoren begibt, wird feststellen, dass ein Teil bereits schon in der Kindheit vermittelt worden ist, und zwar von den Eltern und anderen Bezugspersonen. Einen weiteren Teil erwirbt man möglicherweise in den ersten Berufsjahren. Und einige entstehen durch vorschnelle, falsche Generalisierungen.

Wem die eben beschriebenen Denkmuster zu schaffen machen, dem sei folgende *Bewältigungsstrategie* empfohlen:
- Beobachten Sie sich in Stresssituationen: Schreiben Sie auf, was Sie in solchen Situationen zu sich sagen, was Ihnen durch den Kopf geht.
- Wandeln Sie die stresserzeugenden Sätze in seelisch verträglichere Formulierungen um: Statt «Ich bin für den Lernerfolg meiner Schüler voll verantwortlich», besser «Ich möchte meine Schüler fördern, aber ich kann dem Schüler und seinen Eltern die Verantwortung nicht ganz abnehmen».
- Fragen Sie Bekannte und Freunde: «Wie siehst du mich? Wo mache ich mir aus deiner Sicht das Leben schwer?»
- Überprüfen Sie immer wieder den Realitätsbezug Ihrer Reaktionen durch kleine Schlüsselfragen: «Verallgemeinere ich? Fühle ich mich unnötig hilflos? Übertreibe ich?»
- Formulieren Sie Negatives positiv um. Fast jeder Situation können Sie positive Seiten abgewinnen: «Dieses Glas ist zwar schon halbleer getrunken, aber es ist noch erfreulicherweise halbvoll.»
- Ersetzen Sie absolute Bewertungen durch spezifische: Einer statt alle, hier und jetzt statt immer, in einer Situation statt in allen Situationen.
- Legen Sie keinen zu hohen Maßstab an sich und andere.

Die Veränderung des Denkens gelingt nicht von heute auf morgen, sondern sie braucht einige Trainingszeit, während der man täglich Stresssituationen anders bewerten lernt. Diesen Änderungsprozess sollte man protokollieren und vor allem Fortschritte (Erfolgserlebnisse) festhalten.

Übung

Formulieren Sie die folgenden Glaubenssätze in eine seelisch erträglichere Form um.
- Ich darf keine Fehler machen.
- Es ist schlimm, wenn andere über mich schlecht reden.
- Ich muss meine Klasse im Griff haben.
- Ich muss mich auf meine Mitmenschen verlassen können.
- Für jedes Problem muss es perfekte Lösungen geben.
- Es ist schlimm, wenn ich kritisiert werde.
- Es ist wichtig, dass alle mich mögen.
- Ich muss erfolgreich sein.
- Es ist schlimm, wenn etwas anders läuft, als ich es haben möchte.

Übung

Formulieren Sie die folgenden Problemsituationen positiv um:
- Ein Schüler redet immer wieder dazwischen, ohne sich zu melden.
- Eine Kollegin beschwert sich über Ihre Klasse.
- Ein Klassenlehrer beruft übermäßig viele pädagogische Konferenzen ein.
- Der Schulleiter kritisiert Sie, weil Sie unpünktlich waren.
- Die Klasse wirft Ihnen ein zu rasches Lehrtempo vor.
- Sie ärgern sich, weil die Klasse Sie in ein langes Klassengespräch verwickelt hat.
- Die Klassenelternvertreterin ruft zu Hause an und beschwert sich über den schlechten Notenschnitt in Englisch.

Zeitmanagement

Es ist nicht wenig Zeit, die wir haben, sondern es ist viel Zeit, die wir nicht nutzen.

Seneca

Außerhalb der pädagogischen Berufsgruppe hört man häufig die Meinung, dass eine Lehrperson keine Zeitprobleme haben dürfte, da der Lehrerberuf ein Halbtagsjob mit viel Urlaub sei. Ein Blick in Lehrer-Arbeitszeitstudien widerlegt dieses Vorurteil. Mittelt man die in verschiedenen Erhebungen erfassten Wochenarbeitszeiten, kommt man auf 48 Stunden pro Unterrichtswoche. Und es wird dabei deutlich, dass Lehrerarbeitszeit nicht nur aus der Unterrichtszeit besteht, sondern auch aus einem außerunterrichtlichen Zeitquantum (Unterrichtsvorbereitung, Korrekturen usw.).

Ein Lehrer hat während einer Fortbildungsveranstaltung zum Thema «Stressbewältigung im Lehrerberuf» auf meine Frage, wie man die Lehrerarbeit gut planen kann, geantwortet: «Ich brauche kein Zeitmanagement. Mein Stundenplan sagt mir, wann ich welches Fach in welcher Klasse gebe. Dementsprechend bereite ich mich vor. Einen Tagesplan oder eine Agenda halte ich für überflüssig.» Dieses Statement produzierte einen kollektiven Widerspruch. Die meisten Kolleginnen und Kollegen widersprachen ihm und erzählten von ihren Schwierigkeiten beim Umgang mit der Zeit:
- «Ich schiebe Korrekturen vor mir her.»
- «Stundenvorbereitungen erledige ich erst kurz vor Ultimo.»

- «Ich weiß oft nicht, wie ich meinen Arbeitsablauf gestalten soll.»
- «Ich verliere mich in Nebensächlichkeiten.»
- «Ich gönne mir kaum Pausen.»
- «Ich weiß nicht, wie ich meine häusliche Lehrerarbeit und Familientätigkeit in Einklang bringen kann.»
- «Ich halse mir zu viel auf. Ich kann nicht Nein sagen.»
- «Ich kann nicht delegieren.»
- «Ich habe keine Übersicht über meine Termine.»

Aus solchen Bekenntnissen wird deutlich, dass Lehrpersonen sich mit der Selbstorganisation oft schwertun und ebenso wie andere Berufstätige ein wirksames Zeitmanagement brauchen. Vielleicht erkennt man sich in einigen der Aussagen und Problemen wieder. Wer dies ändern möchte, findet in den folgenden Tipps sicherlich Ansatzpunkte zur Verbesserung seines Zeitmanagements:

- Verwenden Sie einen Terminer, der auf die Belange von Lehrpersonen zugeschnitten ist (s. unten, Planvolles Unterrichten).
- Wenn Sie Ihren Arbeitstag acht Minuten vorbereiten und gezielt in Angriff nehmen, können Sie täglich eine Stunde Zeit für das Wesentliche gewinnen.
- Schreiben Sie auf, was Sie erledigen möchten. Ziele, die Sie nur im Kopf haben, geraten rasch aus dem Sinn. Wenn Sie schriftlich planen, entlasten Sie Ihr Gedächtnis. Außerdem üben schriftlich fixierte Ziele eine wesentlich stärkere Zugkraft aus. Sie arbeiten zielorientierter und konzentrierter.
- Bleiben Sie Realist. Planen Sie nicht zu viel. Wenn die Aktivitäten zu sehr verplant sind, haben Sie zu eng geplant. Lassen Sie einen terminlichen Spielraum frei für unerwartete Aktivitäten sowie für spontane und soziale Aktivitäten.
- Setzen Sie Prioritäten. Bei der Priorisierung hat sich folgende Klassifikation bewährt: A-Aufgaben (wichtige Aufgaben), B-Aufgaben (durchschnittlich wichtige Aufgaben), C-Aufgaben (weniger wichtige Aufgaben).Beginnen Sie stets mit A-Aufgaben.
- Mit der richtigen Schwerpunktsetzung erreichen Sie Ihre Ziele leichter. Beachten Sie die 80:20-Regel von Pareto. Er konnte nachweisen, dass 20 Prozent der strategisch richtig eingesetzten Zeit 80 Prozent des Tagesergebnisses bringen.

5. Pädagogisches Stressmanagement

- Überprüfen Sie immer mal wieder Ihre Prioritäten. Rangordnungen können sich durch Unvorhergesehenes verschieben.
- Führen Sie am Ende des Tages eine Ist-Soll-Analyse Ihrer Aktivitäten durch. Der Rest muss verschoben, gestrichen oder in Überstunden abgearbeitet werden.
- Praktizieren Sie auch eine mittel- und langfristige Zeitplanung. Hierzu gehören die Erstellung von Wochen- und Monatsplänen sowie ein Jahresplan, in dem die wichtigsten Ziele festgelegt werden.
- Vergleichen Sie immer wieder die täglichen Arbeitsergebnisse mit den mittel- und langfristigen Planzielen. Ziehen Sie daraus Konsequenzen für die Zielsetzungen. Entscheiden Sie, welche Ziele beibehalten, verändert oder gar gestrichen werden.
- Rationalisieren Sie Ihre Korrespondenz durch Standardbriefe.
- Reduzieren Sie mutig und konsequent Ihre Informations- und Papierflut. Siebzig Prozent von dem, was Sie erhalten, ist überflüssig. Sein nächster Ort ist der reale oder elektronische Papierkorb.
- Delegieren Sie das, was andere lieber bewältigen möchten oder besser erledigen können.
- Lassen Sie sich nicht überlasten. Sagen Sie Nein, wo die Grenzen der Belastbarkeit überschritten werden. Denken Sie auch an sich. Bitten Sie Ihre Vorgesetzten um Schutz und Fürsorge.
- Führen Sie Telefongespräche und Besprechungen zügig durch. Sagen Sie Langrednern höflich und deutlich, dass Sie das Gespräch jetzt zu Ende bringen möchten.
- Legen Sie alles, was Sie am nächsten Tag in die Schule mitnehmen wollen, am Abend vorher transportfertig zurecht.
- Schieben Sie Klassenarbeitskorrekturen nicht auf, sondern beginnen Sie möglichst rasch damit.
- Reservieren Sie sich störungsfreie Arbeitsstunden. Vereinbaren Sie mit Ihren Mitbewohnern oder Familienangehörigen, dass Sie jetzt nicht gestört werden möchten. Schließen Sie in dieser Zeitphase Ihre Tür. Stellen Sie notfalls den Anrufbeantworter ein.

Übung

Begeben Sie sich auf die Suche nach Ihren veränderbaren Zeitfressern. Darunter versteht man all das, was Ihnen unnötig Zeit kostet. Als Beispiele seien genannt: überflüssiger Kleinkram, langatmige Gespräche und Telefonate, unordentlicher Schreibtisch, mangelnde Schwerpunktsetzung. Überlegen Sie, wie sich diese verändern lassen und wozu Sie die gewonnene Zeit verwenden können.

Was sind Ihre veränderbaren Zeitfresser?

_____
_____

Wie können Sie diese verändern?

_____
_____
_____

Wofür könnten Sie die gewonnene Zeit verwenden?

_____
_____
_____

Schreibtischmanagement

Der Schreibtisch ist der Ort, an dem sich die Welt entscheidet.

Günther Eich

Unter den Schreibtischarbeitern gibt es zwei Typen. Zum einen spricht man von den Leertischlern, die nur das Allernötigste auf der Schreibtischplatte liegen haben. Zum anderen gibt es die Volltischler, die in einer Übermenge von Material zu ersticken drohen. Nur wenige Volltischler, die sogenannten Chaospiloten, wissen, wo was liegt. Der Großteil hat Chaosprobleme.

Ein chaotischer Arbeitsplatz kann die Arbeitsstimmung und den Arbeitsablauf empfindlich stören. Je mehr Gegenstände sich im Wahrnehmungsfeld befinden, desto schwieriger wird die Konzentration. Deshalb sollte man auf der Schreibtischfläche nur jene Arbeitsmittel lagern, die man augenblicklich und ständig braucht. Alles andere gehört auf das Sideboard, in Hängemappen, Stehmappen oder Ordner. Was man ablegt, muss im Bedarfsfall schnell wiedergefunden werden. Hierzu braucht man Ordnungsbegriffe, denen sich Dokumente klar zuordnen lassen. Am besten ist ein Begriffssystem, das aus markanten Oberbegriffen besteht, die sich wieder in Unterbegriffe aufgliedern. Die Oberbegriffe müssen sowohl im Gedächtnis als auch auf den Ordnungsmitteln (Ordner, Hängeregister usw.) deutlich präsent sein. Wenn man sein Ablagesystem fest verinnerlicht hat, wird es mit dem Ordnen, Suchen und Finden keine Probleme geben. Wer eine solche Ordnungsstruktur aufgebaut hat, muss diese auch benutzen. Dies bedeutet vor allem, bearbeitete Materialien und Unterlagen sofort einzusortieren, einzuheften oder einzufügen. Dabei gilt die Grundregel, einen Vorgang möglichst nur einmal in die Hand zu nehmen. Wenn man merkt, dass die Materialmenge anwächst und die Übersicht verloren geht, ist eine Aufräumaktion fällig. Hierfür reserviert man im Terminer einen Zeitblock, am besten am Ferienbeginn. Die paar Stunden lohnen sich, denn sie ersparen einem viel Stress und Zeit. Man sollte alles, was man für nicht archivierenswert hält, wegwerfen. Falls Skrupel aufkommen, fragt man sich, seit wann das Material nicht mehr benutzt worden ist. Wenn man feststellt, dass die letzte Benutzung schon weit zurückliegt, kann die Antwort nur lauten: «Weg damit!» Eine andere Frage, die einem die Entscheidung für das Wegwerfen erleichtern hilft, lautet: «Was kann schlimmstenfalls passieren, wenn ich die Unterlagen wegschmeiße?» Nach einer Aufräumaktion wird man feststellen, dass sich nicht nur die Arbeitsabläufe verbessern, sondern auch die Arbeitszufriedenheit.

Obwohl der Schreibtisch der meisten Lehrpersonen zu Hause steht, hat jeder auch einen «schulischen Arbeitsplatz». Dieser ist extrem eng und entspricht selten den Minimalanforderungen der Ergonomie. Wer in Freistunden schon einmal Klassenarbeiten korrigiert oder Unterricht vorbereitet hat, kann diese Aussage bestätigen. Momentan lässt sich an diesem Defizit wenig ändern. Eine kleine Raumvergrößerung ist allerdings möglich, wenn man an seinem Platz eine Box mit häufig benötigten Materialien deponiert. In diesem Behälter, den man am besten unter seinem Stuhl platziert, kann man zum Beispiel Übungsblätter für Vertretungsstunden, Schreibgeräte oder Folien aufbewahren.

Systematische Entspannung

Die Kunst des Ausruhens ist Teil der Kunst des Arbeitens.

John Steinbeck

Eine gravierende Ursache von Stress und Burnout liegt in chronischer Anspannung und Überreizung. Folge davon ist, dass das Nervensystem vom Sympathikus dominiert wird, was sich in Form von Nervosität, Unruhe, Erschöpfung, Schlafstörungen und Konzentrationsstörungen niederschlägt. Das Anspannungs-Entspannungs-Gleichgewicht kann durch entsprechende Übungen wiederhergestellt werden. Zum einen bieten sich professionelle Verfahren wie das Autogene Training oder die Progressive Relaxation nach Jacobson an (s. Kasten «Übungen»). Zum anderen ist Entspannung auch erreichbar durch das systematische Einlegen von Pausen, durch Spaziergänge, durch sportliche Betätigung oder durch musisch-ästhetische Aktivitäten.

Das Prinzip der Progressiven Relaxation besteht darin, dass wichtige Körpermuskelgruppen kurz angespannt und danach wieder locker gelassen werden. Durch diese Übungen werden Entspannungsreaktionen in Form von Wärme- und Schweregefühlen erzeugt. Solche Entspannungsgefühle werden ans Zwischenhirn weitergemeldet und bewirken im vegetativen Nervensystem eine Umschaltung vom Sympathikus (Beschleuniger) auf den Parasympathikus (Verlangsamer). Möglich ist auch das Autogene Training nach Schultz. In diesem Verfahren werden Entspannungsreaktionen durch formelhafte Vorsätze hervorgerufen – zum Beispiel: «Mein rechter Arm ist ganz schwer». Es ist allerdings wesentlich schwerer erlernbar als die Progressive Muskelentspannung. Das Autogene Training lässt sich nur unter professioneller Leitung aneignen. Autogene Trainingskurse werden von Volkshochschulen und Gesundheitszentren angeboten. Entspannungszustände sind auch durch meditative Übungen erreichbar. Das Wort Meditation kommt vom lateinischen meditari (= etwas nachgehen, nachsinnen). Entspannungsmethodisch heißt Meditation, dass Sie sich auf einen engen inneren oder äußeren Wahrnehmungsausschnitt konzentrieren und alle sonstigen Reize ausschalten. Als Meditationsmittel kommen nach außen oder nach innen geschaute Bilder, Mantras (kraftgeladene Wörter), Kerzenlicht, Musik, der eigene Atem, Gedichte oder Aphorismen in Frage. Die Grundfigur sieht so aus, dass man still sitzt, seine Aufmerksamkeit eine Zeitlang ganz dem Meditationsmittel schenkt und sich nach der Übung wieder durch Strecken und Recken zurücknimmt. Wenn man Entspannungsübungen ausprobiert hat, wird meist klar, was einem besonders liegt. Die Lieblingsübungen sollte man täglich anwenden. Möglichst immer dann, wenn man nach einer längeren Arbeitsphase angespannt ist und sich gestresst fühlt. Manche Übungen kann man in der Schule durchführen. Zum einen in der großen Pause oder in Freistunden, zum anderen im Unterricht zusammen mit seinen Schülerinnen und Schülern.

Übungen

Entspannungsverfahren können auch in Form von Kurzübungen praktiziert werden, die nur wenige Minuten dauern. Im Folgenden werden ein paar Varianten aufgezeigt:

Progressive Muskelentspannung nach Jacobson (Kurzform)
1. Setzen Sie sich bequem hin mit leicht abgewinkelten Armen und locker aufliegenden Handgelenken.
2. Spannen Sie jede der folgenden Muskelgruppen zunächst 5–10 Sekunden deutlich spürbar an und lockern Sie diese anschließend wieder.
3. Halten Sie während der Anspannungsphase den Atem möglichst nicht an.
4. Legen Sie zwischen den Einzelübungen eine Ruhepause von etwa einer halben Minute ein.
5. Konzentrieren Sie sich während der Ruhepause auf die Empfindungen im zuvor angespannten Muskel.

- rechte Hand: zur Faust ballen
- linke Hand: zur Faust ballen
- rechter Bizeps: anspannen
- linker Bizeps: anspannen
- Schultern: soweit wie möglich nach oben ziehen
- Nacken: Kinn gegen das Brustbein drücken
- Stirn: Augenbrauen nach oben ziehen und Stirn runzeln
- Augen: Augen zusammenkneifen
- Mund: Lippen zusammenpressen
- Brustkorb: tief einatmen, Luft anhalten, langsam ausatmen
- Rücken: Hohlkreuz
- Bauch: Bauchdecke fest zusammenziehen
- Oberschenkel: die Knie gegeneinander drücken

- rechte Wade: rechtes Bein ausstrecken und rechten Fußballen belasten
- linke Wade: linkes Bein ausstrecken und linken Fußballen belasten
- rechter Fuß: den rechten Fuß zunächst strecken, dann nach innen drehen und die Zehen beugen
- linker Fuß: den linken Fuß zunächst strecken, dann nach innen drehen und die Zehen beugen

Dünung des Meeres
- Atmen Sie bei geschlossenen Augen tief ein und aus.
- Stellen Sie sich vor, dass Sie beim Einatmen von der Dünung des Meeres gehoben und beim Ausatmen gesenkt werden.

Inneren Druck loswerden
- Setzen Sie sich entspannt hin.
- Lassen Sie die Schultern locker hängen.
- Schließen Sie die Augen.
- Atmen Sie tief ein, halten Sie den Atem an und atmen Sie erleichtert aus.
- Stellen Sie sich vor, dass Sie beim Ausatmen inneren Druck loswerden.

Belastungen abschütteln
- Sie stehen aufrecht mit leicht gespreizten Beinen.
- Nun beginnen Sie, den ganzen Körper, besonders Arme und Beine, zu schütteln.
- Alle Belastungen dürfen abgeschüttelt werden.

Den Atem spüren
- Sitzen Sie, den Kopf leicht nach vorn geneigt.
- Legen Sie die Hände auf den Bauch.
- Lassen Sie die Hände in Übereinstimmung mit Ihrem Atem auf- und absinken.
- Genießen Sie das langsame Fließen Ihres Atemstroms.

Anspannen – Entspannen
- Sitzen Sie locker und entspannt.
- Atmen Sie langsam ein und spannen Sie gleichzeitig die Fäuste, die Oberarmmuskeln, die Bauchmuskeln, die Beine und Füße an.
- Halten Sie mit der Anspannung circa zehn Sekunden lang die Atmung an.
- Seien Sie ganz Energie.
- Atmen Sie langsam aus und lassen Sie dabei alle Muskeln los.

Droschkenkutscher (Sitzen)
- Setzen Sie sich und lehnen Sie sich nicht an.
- Ihre Füße stehen im rechten Winkel mit spürbarem Kontakt auf dem Boden.

- Lege Sie ihre Hände locker auf die Oberschenkel.
- Schließen Sie die Augen.
- Beugen Sie ihren Kopf leicht nach vorn.

Droschkenkutscher (Stehen)
- Stellen Sie sich mit schulterbreit gegrätschten Füßen hin.
- Fühlen Sie bewusst ihren Körper.
- Lassen Sie aus den Muskeln Spannung heraus.
- Alles Gewicht ruht auf Ihren Füßen.
- Fühlen Sie sich doppelt so schwer als sonst.

Planvolles Unterrichten

Unterricht ist als zielgerichtetes Lehren und Lernen ein hochkomplexer Prozess, zu dessen Gelingen Planung eine notwendige Voraussetzung ist.

Uwe Sandfuchs

Wer stressfreier unterrichten möchte, muss den Unterricht gut planen und vorbereiten. Das heißt, dass man für die Unterrichtsstunde einen Vorgehensentwurf braucht. Referendarinnen und Referendare verwenden darauf viel Mühe und fertigen detaillierte Stundenentwürfe an, die oft dem Drehbuch eines Films ähneln. Bisweilen geraten sie trotz dieser minutiösen Planung in gravierende Schwierigkeiten, weil die Schülerinnen und Schüler sich nicht «planmäßig» verhalten. Deshalb sollte man trotz des Entwurfs überraschungsoffen und flexibel bleiben.

Routinierte Lehrpersonen teilen mir immer wieder mit, dass sie schon bald nach dem zweiten Staatsexamen das minutiöse Planen und Vorbereiten beendet haben. Die große Mehrheit praktiziert eine Grobplanung, die man als das Skizzieren von Stunden oder das Anlegen von Spickzetteln (Meyer, 2007) bezeichnen könnte. Aufgrund langjähriger Erfahrungen setzt man die Skizze intuitiv um. Eine Minderheit plant, so mein Eindruck, den Unterricht schlecht oder gar nicht. Konkret heißt dies, dass das Vorgehen nur oberflächlich festgelegt wird und vieles situativ und unreflektiert geschieht. Folge davon sind schlechte Unterrichtsergebnisse und nicht selten auch Unterrichtsstörungen. Auch wenn man schon einige Zeit im Schuldienst ist, sollte der Unterricht gründlich und gewissenhaft vorbereitet werden. Dies gehört zur Lehrerprofessionalität. Zum einen muss ein auf das Schuljahr bezogener und am Bildungsplan orientierter Stoffverteilungsplan erstellt werden. Zum anderen bedarf die Stunde, Doppelstunde oder Wocheneinheit einer Verlaufsstruktur. Sicherlich muss diese nicht so umfangreich und detailliert sein wie im Referendariat. Aber man sollte eine Skizze bzw. einen Spickzettel anfertigen, aus der bzw. dem hervorgeht,

- welche Inhalte vermittelt werden
- welche Methoden zum Einsatz kommen
- wie lange die einzelnen Phasen ungefähr dauern
- welche Medien und Materialien erforderlich sind.

Es ist zum Zweck eines guten Unterrichtsflusses hilfreich, wenn man Einstiege, Impulse und Arbeitsaufträge, die neu sind, in dieser Skizze schriftlich fixiert. Und noch ein weiterer Tipp für die Vorbereitungsstrategie: Im Vorbereitungspool sollte sich immer ein genügend großer Vorrat an Stundenkonserven befinden. Darunter sind Entwürfe und Unterlagen zu verstehen, auf die man rasch zugreifen kann. Ein Beispiel hierfür wäre eine Übungsstunde «Groß- und Kleinschreibung» oder eine Übungsstunde «Division von Brüchen». Bei der Stundenplanung ist auch darauf zu achten, dass nicht zu viel Stoff in eine Stunde gepackt wird. Eine übermäßige Stoffmenge belastet sowohl die Lehrperson als auch die Schülerinnen und Schüler.

Wenn man den Unterricht systematisch planen möchte, können Planungshilfen, wie zum Beispiel der «Unterrichtsplaner» des s&w partner Verlags sehr nützlich sein (www.sw-partner-verlag.de). Es ist ein DIN-A4-Buch, mit dem man den Lehrstoff auf die Unterrichtswochen verteilt und für jede Unterrichtsstunde das Unterrichtskonzept in Stichworten erfasst und fortschreibt. Zusätzlich enthält es Schülerlisten, Zensurenlisten, Stundenpläne, Ferienordnung und Jahres-Terminplan. Darüber hinaus kann man seine Unterrichtsplanung auch computergestützt managen. Auch hierfür gibt es Planungshilfen, wie zum Beispiel die TimeTEX Schüler-, Noten- und Terminverwaltung (www.timetex.de). Die schriftliche Unterrichtsplanung hat auch den großen Vorteil, dass man hinterher eine kritische Nachbetrachtung durchführen kann. Am Beginn dieser Evaluation vergleicht man zunächst seinen Unterrichtsentwurf mit dem tatsächlichen Unterrichtsablauf. Danach überlegt man, was gut und was nicht so gut lief. Und schließlich leitet man aus dieser Stärken-Schwächen-Analyse Verbesserungsschritte ab.

Stress lässt sich nicht nur durch eine systematische Unterrichtsplanung reduzieren, sondern auch durch eine schüleraktivere Unterrichtsdurchführung. Denn der Großteil des Unterrichts wird immer noch in frontaler Form erteilt. Das heißt, die Lehrperson steht vor der Klasse, steuert das Schülerverhalten und vermittelt viel Information. Aus arbeitsmedizinischer und arbeitspsychologischer Sicht erfordert dieses lehrergesteuerte Verhalten ein hohes Maß an psychophysischer Energieinvestition und Handlungsaufwand. Die Folge sind viel Energieverbrauch und psychomentale Belastungen. Wer zu frontal unterrichtet, sollte den lehrerzentrierten Anteil abbauen und stattdessen in den Unterrichtsablauf mehr schüleraktive Phasen einbauen. Ein schüleraktiver Unterricht schützt nicht nur vor Stress, sondern er fördert auch die Selbstständigkeitsentwicklung der Schülerinnen und Schüler. Schüleraktives Unterrichten heißt nicht, dass die Lehrersteuerung wegfällt. Die Lehrperson ist weiterhin der Lotse im Lehr-Lern-Prozess. Sie gibt weiterhin thematische Inputs, erteilt Aufträge, fordert Leistungen ein und bewertet diese.

Seelisch-soziales Stützsystem

Einer trage des Anderen Last.

Apostel Paulus

Viele Stressstudien haben gezeigt, dass ein gutes seelisch-soziales Stützsystem, ein Netzwerk von vertrauensvollen Beziehungen Stress in starkem Maße abpuffern hilft. Zu den wichtigsten seelisch-sozialen Netzwerken zählen die Familie, der Freundeskreis und das Arbeitsteam. Im schulischen Arbeitsteam ist schon viel Stressbewältigung erreicht, wenn man sich gegenseitig gut zuhören kann, wenn einer dem anderen hilft, sich Ärger von der Seele zu reden. Voraussetzung für das Gelingen dieser Befindensgespräche ist Offenheit und die Gewissheit, dass das Mitgeteilte dem Sich-Mitteilenden nicht zum Nachteil gereicht. Es kommt nicht auf die Länge der Gespräche an. Viele kleine Gespräche sind wirksamer als ein selten stattfindendes langes. Diese psychohygienische Arbeit muss durch weitere Maßnahmen ergänzt werden. Beispiele hierfür sind:

- in Konferenzen «Wetterberichte» und Stimmungsmessungen durchführen
- Disziplinkonflikte auf Klassenebene gemeinsam analysieren und lösen
- in den Verlauf eines Schuljahres kollegiale Entspannungsinseln einbauen (Feiern, Lehrerausflug, Lehrersport, Lehrerstammtisch)
- sich sachlich-fachlich austauschen und unterstützen
- alle fünf Jahre das kollegiale Miteinander einer ehrlichen Stärken-Schwächen-Analyse unterziehen und daraus kontinuierliche Verbesserungsprozesse ableiten.

Je mehr das Einzelkämpfertum und der Fachegoismus abgebaut werden und je mehr das gemeinsame kollegiale Ganze in den Mittelpunkt rückt, desto leichter wird die Verarbeitung der täglichen Ärgernisse und Belastungen gelingen.

Der Stresstest für Lehrerinnen und Lehrer

Stress kann sich individuell unterschiedlich ausdrücken. Der folgende Fragebogen, der als Selbsteinschätzungshilfe zu verstehen ist, will eine Antwort auf die Frage geben, in welchem Maße die zentralen seelisch-somatischen Funktionsbereiche von Stress betroffen sind. Darüber hinaus können Sie auch erkennen, wie hoch Ihre Stress- und Burnoutanfälligkeit insgesamt ausgeprägt ist.

Der Fragebogen besteht aus 24 Aussagen zur geistigen, emotionalen, körperlichen und sozialen Auswirkung von Stress und Burnout.

Kreuzen Sie nun an, in welchem Maße die einzelne Aussage auf Sie zutrifft. Seien Sie dabei ehrlich gegenüber sich selbst.

Fragebogen zur Selbsteinschätzung

	immer	häufig	manchmal	selten	nie
1. Ich habe Schwierigkeiten mit meiner Konzentration.	4	3	2	1	0
2. Es fällt mir schwer, mich über meine Arbeit zu freuen.	4	3	2	1	0
3. Ich fühle mich körperlich ausgelaugt.	4	3	2	1	0
4. Ich sperre mich dagegen, Kolleginnen und Kollegen zu helfen.	4	3	2	1	0
5. Ich zweifle an meinen beruflichen Fähigkeiten.	4	3	2	1	0
6. Ich bin niedergeschlagen.	4	3	2	1	0
7. Ich bin krankheitsanfällig.	4	3	2	1	0
8. Fachlichen Gesprächen mit Kolleginnen und Kollegen gehe ich aus dem Weg.	4	3	2	1	0
9. Ich äußere mich spöttisch über Schülerinnen und Schüler.	4	3	2	1	0
10. Ich fühle mich in beruflichen Konfliktsituationen hilflos.	4	3	2	1	0
11. Ich habe körperliche Beschwerden.	4	3	2	1	0
12. Meine beruflichen Enttäuschungen stören meine privaten Beziehungen.	4	3	2	1	0
13. Mein fachliches Interesse lässt zu wünschen übrig.	4	3	2	1	0
14. Ich bin innerlich unruhig.	4	3	2	1	0
15. Ich bin verspannt.	4	3	2	1	0
16. Teamarbeit vermeide ich möglichst.	4	3	2	1	0
17. Ich beschäftige mich gedanklich mit einem Berufswechsel.	4	3	2	1	0
18. Ich leide an mangelnder Anerkennung und Wertschätzung.	4	3	2	1	0
19. Ich leide an Schlafstörungen.	4	3	2	1	0
20. Ich vermeide es, an Fortbildungsveranstaltungen teilzunehmen.	4	3	2	1	0
21. Ich laufe Gefahr, die Übersicht zu verlieren.	4	3	2	1	0

	immer	häufig	manchmal	selten	nie
22. Ich fühle mich ängstlich.	4	3	2	1	0
23. Ich leide an Kopfschmerzen.	4	3	2	1	0
24. Geselligen Runden im Kollegium gehe ich möglichst aus dem Weg.	4	3	2	1	0

Fragebogenauswertung

Tragen Sie neben der Nummer der einzelnen Aussagen die angekreuzten Werte ein und errechnen Sie für die jeweilige Ebene die Summe:

Geistige Ebene

Nr. 1 ... + Nr. 5 ... +Nr. 9 ... +Nr. 13 ... +Nr. 17 ... +Nr. 21 ... = ...

Gefühlsebene

Nr. 2 ... +Nr. 6 ... +Nr. 10 ... +Nr. 14 ... +Nr. 18 ... +Nr. 22 ... = ...

Körperebene

Nr. 3 ... +Nr. 7 ... +Nr. 11 ... +Nr. 15 ... +Nr. 19 ... +Nr. 23 ... = ...

Soziale Ebene

Nr. 4 ... +Nr. 8 ... +Nr. 12 ... +Nr. 16 ... +Nr. 20 ... +Nr. 24 ... = ...

Addieren Sie die vier Ebenenwerte zum Gesamtwert der Stress- und Burnoutanfälligkeit.

Geistige Ebene ... + Gefühlsebene ... + Körperebene ... +Soziale Ebene ... =

Aus den erhaltenen Werten können Sie zum einen Ihr individuelles Stressprofil ersehen. Der Maximalwert einer Ebene beträgt 24 und der Minimalwert 0.

Zum anderen können Sie anhand des Gesamtwertes erkennen, wie hoch Ihre Stress- und Burnoutanfälligkeit ist. Der Maximalwert liegt bei 96 und der Minimalwert bei 0.

Anti-Stress-Tipps für Lehrerinnen und Lehrer

1. Hohe Ideale reduzieren: Wer bei sich und bei anderen einen zu hohen Maßstab anlegt, läuft ständig Gefahr, frustriert zu werden. Akzeptieren Sie die Tatsache der Fehlbarkeit und Unvollkommenheit der Menschen.
2. Nicht der Helfermentalität verfallen: Vermeiden Sie Überidentifikationen. Balancieren Sie zwischen Mitgefühl und emotionalem Abstand. Fühlen Sie sich nicht für alle verantwortlich. Je mehr Sie diesen helfen, desto stärker wird deren Hilflosigkeit.

3. Nein sagen lernen: Lassen Sie sich nicht überlasten. Sagen Sie Nein, wo die Grenzen der Belastbarkeit überschritten werden. Denken Sie auch an sich. Bitten Sie Ihre Vorgesetzten um Schutz und Fürsorge.
4. Schwerpunkte setzen: Seien Sie nicht Hans Dampf in allen Gassen. Vergeuden Sie Ihre Energie nicht in unzähligen Aktivitäten. Konzentrieren Sie sich auf das Wesentliche.
5. Gut geplant ist halb gearbeitet: Gehen Sie rationell mit Ihrer Zeit um. Verteilen Sie Ihre individuelle Arbeit gleichmäßig. Teilen Sie das zu Erreichende in Etappen auf, die schrittweise bewältigt werden. Vermeiden Sie Aufschubverhalten.
6. Pausen machen: Achten Sie auf ihren begrenzten Energievorrat. Hetzen Sie nicht von einer Tätigkeit zur anderen. Bauen Sie kleine entspannende Übergänge ein (zum Beispiel Atemübungen).
7. Gefühle ausdrücken: Sind Sie von jemandem gekränkt worden, fressen Sie dies nicht in sich hinein, sondern haben Sie Mut zum Feedback. Tun Sie dies in Form einer Ich-Botschaft. Darunter ist zu verstehen, dass Sie Ihm taktvoll und ehrlich sagen, welche Gefühle er in Ihnen ausgelöst hat.
8. Emotionale Unterstützung suchen: Geteiltes Leid ist halbes Leid. Suchen Sie sich Zuhörer und Vertrauenspersonen, bei denen Sie sich Ärgernisse unbeschwert von der Seele reden können.
9. Sachliche Unterstützung suchen: Sie können nicht alle Fragen allein beantworten und alle Probleme allein lösen. Strapazieren Sie sich dabei nicht unnötig. Sprechen Sie Kolleginnen und Kollegen an und bitten Sie diese um Rat und Lösungsvorschläge.
10. Negativdenken vermeiden: Sagen Sie «Stopp», wenn Sie ins Grübeln und in Selbstmitleid geraten. Fragen Sie sich: «Was ist gut an mir?» Freuen Sie sich über das, was Sie können und leisten. Gewinnen Sie dem Leben auch positive Aspekte ab. Genießen Sie das, was aus Ihrer Sicht lebenswert ist.
11. Unterrichtsproblemen vorbeugen: Bereiten Sie ihren Unterricht gut vor. Teilen Sie der Klasse von Beginn an klar Ihre Erwartungen mit. Reagieren Sie konsequent bei gravierenden Normverletzungen. Vermeiden Sie Killerbotschaften. Sorgen Sie für Stoff- und Formwechsel. Entlasten Sie sich durch sinnvolle Rituale.
12. Besonnenheit in kritischen Unterrichtssituationen: Bereiten Sie sich auf Disziplinkonflikte mental vor. Lassen Sie sich in Konfliktsituatio-

nen nicht vom ersten Negativgefühl zu impulsivem Handeln verleiten. Überlegen Sie, was Ihr Spielraum ist und welche Handlungsmöglichkeit angemessen erscheint. Bringen Sie Kritik am Schülerverhalten konstruktiv zum Ausdruck. Nehmen Sie dem Störverhalten Wind aus den Segeln durch Umdeuten, paradoxes Reagieren oder Humor.
13. Konstruktive Nachbetrachtung: Arbeiten Sie kritische Situationen nochmals durch. Analysieren Sie Ihr Verhalten. Entwerfen Sie Alternativen. Beziehen Sie in die Aufarbeitung Kolleginnen und Kollegen ein.
14. Energie tanken: Ihr Beruf ist nicht der Nabel der Welt. Gleichen Sie berufliche Belastungen aus. Pflegen Sie Tätigkeiten und Beziehungen, die Ihnen Wohlbefinden und Sinnerfüllung ermöglichen. Eignen Sie sich Entspannungsmethoden an.
15. Sachliche Herausforderungen suchen: Öffnen Sie sich für neue Erfahrungen. Lernen Sie weiter und bilden Sie sich fort. Erweiterte Horizonte und Repertoires verbessern die Fähigkeit zur Stressbewältigung!
16. Hilfsangebote nutzen: Wer sich im Umgang mit schwierigen Erziehungs- und Unterrichtssituationen schwertut, sollte damit beginnen, sich und sein Problemverhalten zu verändern. Gelegenheit hierzu bieten Intervisions- und Supervisionsgruppen.
17. Gesund leben: Nehmen Sie die Signale Ihres Körpers ernst! Treten Sie kürzer, wenn Sie den Bogen überspannt haben. Schlafen Sie ausreichend und ernähren Sie sich gesund. Betätigen Sie sich sportlich.

Literaturverzeichnis

Aebli, H.: Zwölf Grundformen des Lehrens: Eine Allgemeine Didaktik auf psychologischer Grundlage. Medien und Inhalte didaktischer Kommunikation, der Lernzyklus. Stuttgart: Klett-Cotta 2006 (13. Aufl.).

Baier, D./Pfeiffer, C./Simonson, J./Rabold, S.: Jugendliche in Deutschland als Opfer und Täter von Gewalt. Hannover: Kriminologisches Forschungsinstitut Niedersachsen e. V. 2009.

Bamberger, G.: Lösungsorientierte Beratung. Weinheim/Basel: Beltz 2010 (4. Aufl.).

Becker, G. E.: Lehrer lösen Konflikte. Handlungshilfe für den Schulalltag. Weinheim/Basel: Beltz 2006.

Betz, D./Breuninger, H.: Teufelskreis Lernstörungen. Theoretische Grundlegung und Standardprogramm. Weinheim: Beltz PVU 1998 (5. Aufl.).

Blum, E./Blum, H. J.: Der Klassenrat. Ziele, Vorteile, Organisation. Mülheim: Verlag an der Ruhr 2006.

Bos, C. S./Vaughn S.: Strategies for Teaching Students with Learning and Behavior Problems. Boston: Pearson 2011 (8. Aufl.).

buddY E. V.: Das Buddy-Programm. Soziale Kompetenz für Schüler. www.buddy-ev.de [17.04.2011].

Deegener, G.: Kindesmissbrauch und woran ich ihn erkenne. In: Andresen, S./Brumlik, M./Koch, C. (Hrsg.): Das ElternBuch. Wie unsere Kinder geborgen aufwachsen und stark werden. 0–18 Jahre. Weinheim/Basel: Beltz 2010.

Dollase, R.: Gewalt in der Schule: Erscheinungsformen, Ursachen, Intervention. Stuttgart: Kohlhammer 2010.

Döpfner, M./Walter, D.: Schulverweigerung. In: Steinhausen, H. C.: (Hrsg.): Schule und psychische Störungen. Stuttgart: Kohlhammer 2006.

Dreikurs, R./Grunwald, B. B./Pepper, F. C.: Lehrer und Schüler lösen Disziplinprobleme. Weinheim/Basel: Beltz 2007.

Ehinger, W./Hennig, C.: Das Elterngespräch in der Schule. Von der Konfrontation zur Kooperation. Donauwörth: Auer 2006 (4. Aufl.).

Ellis, A.: Grundlagen und Methoden der Rational-Emotiven Verhaltenstherapie. Stuttgart: Klett-Cotta 2008 (2. Aufl.).

Eschelmüller, M.: Lerncoaching. Vom Wissensvermittler zum Lernbegleiter. Mülheim: Verlag an der Ruhr 2008.

Esser, G. (Hrsg.): Lehrbuch der klinischen Psychologie und Psychotherapie bei Kindern und Jugendlichen. Stuttgart: Thieme 2008.

Faller, K./Kerntke, W./Wackmann, M.: Konflikte selber lösen. Mediation für Schule und Jugendarbeit. Mülheim: Verlag an der Ruhr 1996.

Freudenberger, H./Richelson, G.: Burnout: The High Cost of High Achievement. Norwell: Anchor Press 1981.

Friedrichs, B.: Praxisbuch Klassenrat. Gemeinschaft fördern, Konflikte lösen. Weinheim/Basel: Beltz 2009.

Fritz, A./Ricken, G./Schmidt, S. (Hrsg.): Handbuch Rechenschwäche: Lernwege, Schwierigkeiten und Hilfen bei Dyskalkulie. Weinheim/Basel: Beltz 2009 (2. Aufl.).

Grube, D.: Rechenschwäche. In: Schneider, W./Hasselhorn, M. (Hrsg.): Handbuch der Pädagogischen Psychologie 2008.

Hardt, J./Engfer, A.: Vernachlässigung, Misshandlung und Missbrauch von Kindern. In: Oerter, R./Montada, L. (Hrsg.): Entwicklungspsychologie. Weinheim/Basel: 2008 (6. Aufl.).

Heller, K. A.: Hochbegabung im Kindes- und Jugendalter. Göttingen: Hogrefe 2001 (2. Aufl.).

Hendriksen, J.: Intervision. Kollegiale Beratung in Sozialer Arbeit und Schule. Weinheim/Basel: Beltz 2000.

Hennig, C./Knödler, U.: Schulprobleme lösen. Ein Handbuch für die systemische Beratung. Weinheim/Basel: Beltz 2007.

Humpert, W./Dann, H. D.: KTM kompakt. Basistraining zur Störungsreduktion und Gewaltprävention. Bern: Huber 2001.

Hurrelmann, K./Bründel, H.: Gewalt an Schulen. Pädagogische Antworten auf eine soziale Krise. Weinheim/Basel: Beltz 2007.

Ihle, W.: Substanzmissbrauch und -abhängigkeit. In: Esser, G. (Hrsg.): Lehrbuch der klinischen Psychologie und Psychotherapie bei Kindern und Jugendlichen. Stuttgart: Thieme 2008.

Jefferys-Duden, K.: Das Streitschlichter-Programm. Mediatorenausbildung für Schülerinnen und Schüler. Weinheim/Basel: Beltz 2008 (3. Aufl.).

Kaeding, P./Richter, J./Siebel, A./Vogt, S.: Mediation an Schulen verankern. Ein Praxisbuch. Weinheim/Basel: Beltz 2005.

Keller, G.: Lernförderung in der schulpsychologischen Beratung. In: Mandl, H. / Friedrich, H. F. (Hrsg.).: Lern- und Denkstrategien. Analyse und Intervention. Göttingen: Hogrefe 1992.

Keller, G.: Das Lern- und Arbeitsverhalten leistungsstarker und leistungsschwacher Schüler. Psychologie in Erziehung und Unterricht, 40, 1993, 125–129.

Keller, G.: Lehrer helfen lernen. Lernförderung, Lernhilfe, Lernberatung. Donauwörth: Auer 1999 (5. Aufl.).

Keller, G.: Lern-Methodik-Training. Für die Klassen 5–10. Göttingen: Hogrefe 2005 (2. Aufl.).

Keller, G.: Disziplinmanagement in der Schulklasse. Unterrichtsstörungen vorbeugen – Unterrichtsstörungen bewältigen. Bern: Huber 2010a (2. Aufl.).

Keller, G.: Vulkangebiet Schule. Konfliktdiagnose, Konfliktlösung, Konfliktprävention. Bern: Huber 2010b.

Keller, G.: Ich will nicht lernen! Motivationsförderung in Elternhaus und Schule. Bern: Huber 2011 (4. Aufl.).

Keller, G./Hitzler, W.: Schlüssel-Qualifikations-Training. Übungen zur Förderung der Methoden- und Sozialkompetenz. Donauwörth: Auer 2005 (2. Aufl.).

Klemm, K.: Klassenwiederholungen – teuer und unwirksam. Eine Studie zu den Ausgaben für Klassenwiederholungen in Deutschland. Im Auftrag der Bertelsmann

Stiftung. Gütersloh 2009. http://www.bertelsmann-stiftung.de/cps/rde/xbcr/SID-DD0C387A-3D1F21F3/bst/xcms_bst_dms_29361_29362_2.pdf [17.5.2010].
Kliebisch, U. W./Meloefski, R. (Hrsg.): LehrerGesundheit. Anregungen für die Praxis. Hohengehren: Schneider Verlag 2009.
Kohlberg, L.: Die Psychologie der Moralentwicklung. Frankfurt a. M.: Suhrkamp 1996.
Krajewski, K.: Prävention von Rechenschwäche. In: Schneider, W./Hasselhorn, M. (Hrsg.): Handbuch der Pädagogischen Psychologie. Göttingen: Hogrefe 2008.
Krause, A./Schübpach, H./Ulich, E./Wülser, M. (Hrsg.): Arbeitsort Schule: organisations- und arbeitspsychologische Perspektiven. Wiesbaden: Gabler 2007.
Kretschmer, I.: Problemlösendes Denken im Unterricht. Frankfurt a. M.: Lang 1983.
Krug, S.: Motivförderungsprogramme: Möglichkeiten und Grenzen. Zeitschrift für Entwicklungspsychologie und pädagogische Psychologie 25, 1983, 317–346.
Küspert, P./Schneider, W.: Hören, lauschen, lernen – Sprachspiele für Vorschulkinder. Würzburger Trainingsprogramm zur Vorbereitung auf den Erwerb der Schriftsprache. Göttingen: Vandenhoeck & Ruprecht 2008 (6. Aufl.).
Lauth, G. W./Grünke, M./Brunstein, J. C. (Hrsg.): Intervention bei Lernstörungen. Förderung, Training, Therapie in der Praxis. Göttingen: Hogrefe 2004.
Leitner, S.: So lernt man lernen. Der Weg zum Erfolg. Freiburg: Herder 2010 (17. Aufl.).
Linderkamp, F./Grünke, M. (Hrsg.): Lern- und Verhaltensstörungen. Genese, Diagnostik, Intervention. Weinheim/Basel: Beltz 2007.
Lorenz, J. H.: Rechenschwäche. In: Lauth, G. W./Grünke, M./Brunstein, J. C. (Hrsg.): Intervention bei Lernstörungen. Förderung, Training, Therapie in der Praxis. Göttingen: Hogrefe 2004.
Mandl, H./Friedrich, H. F. (Hrsg.): Lern- und Denkstrategien. Analyse und Intervention. Göttingen: Hogrefe 1992.
Mandl, H./Friedrich, H. F. (Hrsg.): Handbuch Lernstrategien. Göttingen: Hogrefe 2006.
Mattejat, F./Eimecke, S./Pauschardt, J.: Ängste, Phobien und Kontaktstörungen. In: Esser, G. (Hrsg.): Lehrbuch der klinischen Psychologie und Psychotherapie bei Kindern und Jugendlichen. Stuttgart: Thieme 2008.
Meichenbaum, D.: Kognitive Verhaltensmodifikation. Weinheim: Beltz PVU 2010 (Nachdruck).
Meyer, H.: Leitfaden Unterrichtsvorbereitung. Berlin: Cornelsen Scriptor 2007 (4. Aufl.).
Molnar, A./Lindquist, B.: Verhaltensprobleme in der Schule. Lösungsstrategien für die Praxis. Dortmund: Borgmann 2009 (9. Aufl.).
Mussen, P. H./Conger, J. J./Kagan, J./Huston, A. C.: Lehrbuch der Kinderpsychologie. Band 1 und Band 2. Stuttgart: Klett-Cotta 1993.
Nolting, H. P.: Störungen in der Schulklasse. Ein Leitfaden zur Vorbeugung und Konfliktlösung. Weinheim/Basel: Beltz 2009 (8. Aufl.).
Olweus, D.: Gewalt in der Schule. Was Lehrer und Eltern wissen sollten – und tun können. Bern: Huber 2006 (4. Aufl.).
Petermann, F./Winkel, S.: Selbstverletzendes Verhalten. Göttingen: Hogrefe 2009 (2. Aufl.).
Renzulli, J. S./Reis, S. M.: Identification of Students for Gifted and Talented Programs. Thousand Oaks: Corwin Press 2004.

Robertz, F. J./Wickenhäuser, R.: Der Riss in der Tafel. Amoklauf und schwere Gewalt in der Schule. Heidelberg: Springer 2010 (2. Aufl.).
Rogers, C.: Die nichtdirektive Beratung. Frankfurt a. M.: Fischer 2007 (12. Aufl.).
Rost, D./Buch, S. R.: Hochbegabung. In: Rost, D. (Hrsg.): Handwörterbuch Pädagogische Psychologie. Weinheim/Basel: Beltz 2010 (4. Aufl.).
Rost, D./Schermer, F. J.: Leistungsängstlichkeit. In: Rost, D. (Hrsg.): Handwörterbuch der Pädagogischen Psychologie. Weinheim/Basel: Beltz 2010 (4. Aufl.).
Rothland, M. (Hrsg.): Belastung und Beanspruchung im Lehrerberuf: Modelle, Befunde, Interventionen. Wiesbaden: Verlag für Sozialwissenschaften 2007.
Rutter, M./Maughan, B./Mortimer, P./Ouston, J.: Fünfzehntausend Stunden – Schulen und ihre Wirkungen auf Kinder. Weinheim/Basel: Beltz 2010 (Nachdruck).
Sachsse, U.: Selbstverletzendes Verhalten. Göttingen: Vandenhoeck & Ruprecht 2009 (7. Aufl.).
Sachverständigenkommission Dreizehnter Kinder- und Jugendbericht (Hrsg.): Materialien zum Dreizehnten Kinder- und Jugendbericht: Mehr Chancen für gesundes Aufwachsen. Wiesbaden: Verlag für Sozialwissenschaften 2010.
Schaarschmidt, U.: Die Potsdamer Lehrerstudie im Überblick. In: Kliebisch, U. W./ Meloefski, R. (Hrsg.): LehrerGesundheit. Anregungen für die Praxis. Hohengehren: Schneider Verlag 2009.
Schick, A.: Effektive Gewaltprävention: Evaluierte und praxiserprobte Konzepte für Schulen. Göttingen: Vandenhoek & Ruprecht 2010.
Schlömer, H.: Programme und Projekte schulischer Suchtprävention. In: Thomasius, R./Schulte-Markwort, M./Küstner, U./Riedesser, P. (Hrsg.): Handbuch der Suchtstörungen im Kindes- und Jugendalter. Stuttgart: Schattauer 2008.
Schmidtke, A./Schaller, S.: Suizidalität. In: Esser, G. (Hrsg.): Lehrbuch der klinischen Psychologie und Psychotherapie bei Kindern und Jugendlichen. Stuttgart: Thieme 2008.
Schnebel, S.: Professionell beraten. Beratungskompetenz in der Schule. Weinheim/ Basel: Beltz 2007.
Schneider, W.: Prävention von Lese-Rechtschreibschwierigkeiten. In: Schneider, W./ Hasselhorn, M. (Hrsg.): Handbuch der Pädagogischen Psychologie. Göttingen: Hogrefe 2008.
Schneider, W./Hasselhorn, M. (Hrsg.): Handbuch der Pädagogischen Psychologie. Göttingen: Hogrefe 2008.
Schneider, W./Nieding, G./Krajewski, K.: Mengen, zählen, Zahlen: Die Welt der Mathematik verstehen. Koffer mit Fördermaterialien und Handreichungen. Berlin: Cornelsen 2007.
Schubarth, W.: Gewalt und Mobbing an Schulen. Möglichkeiten der Prävention und Intervention. Stuttgart: Kohlhammer 2010.
Silbereisen, R./Weichold, K.: Suchtprävention in der Schule. IPSY – Ein Lebenskompetenzprogramm für die Klassenstufen 5–7. Göttingen: Hogrefe 2010.
Stamm, M.: Die Psychologie des Schuleschwänzens. Rat für Eltern, Lehrer und Bildungspolitiker. Bern: Huber 2008.
Steinhausen, H. C.: Psychische Störungen bei Kindern und Jugendlichen. München/ Wien/Baltimore: Urban & Schwarzenberg 2006 (6. Aufl.).
Steinhausen, H. C./Rothenberger, A./Döpfner, M. (Hrsg.): Handbuch ADHS. Grundlagen, Klinik, Therapie und Verlauf der Aufmerksamkeitsdefizit-Hyperaktivitätsstörung. Stuttgart: Kohlhammer 2009.

Thomasius, R./Schulte-Markwort, M./Küstner, U./Riedesser, P. (Hrsg.): Handbuch der Suchtstörungen im Kindes- und Jugendalter. Stuttgart: Schattauer 2008.
Wagner, I.: Aufmerksamkeitstraining mit impulsiven Kindern. Marburg: Klotz 2001 (9. Aufl.).
Weber, J./Marx, P.: Lese-Rechtschreibschwierigkeiten. In: Schneider, W./Hasselhorn, M. (Hrsg.): Handbuch der Pädagogischen Psychologie. Göttingen: Hogrefe 2008.
Wild, E./Gerber, J.: Einführung in die Pädagogische Psychologie. Opladen: Verlag Barbara Budrich 2008 (2. Aufl.).
Wilms, H./Wilms, E.: Erwachsen werden – Soziales Lernen in der Sekundarstufe I. Wiesbaden: Lions Club International 2009.
Woolfolk, A.: Pädagogische Psychologie. München: Pearson Education Deutschland 2008.

二

2010. 152 S., Kt
€ 17.95 / CHF 29.90
ISBN 978-3-456-84795-5

Eine unverzichtbare Hilfe für das tägliche Schul-Konfliktmanagement.

Die Schule ist ein Vulkangebiet, in dem Konflikte allgegenwärtig sind. Diese kosten viel Zeit und Nerven, stören das Miteinander und beeinträchtigen den Lernfolg. Dringender denn je braucht die Schule ein wirksames Konfliktmanagement. Wie dies verwirklicht werden kann, zeigt der Autor praxisnah und anschaulich.

Erhältlich im Buchhandel oder über
www.verlag-hanshuber.com

2. Nachdruck 2011
der 4., unveränd. Aufl. 2007.
400 S., 53 Abb., Kt
€ 29.95 / CHF 48.90
ISBN 978-3-456-84402-2

Wer mit Lehren, Instruieren und Erziehen zu tun hat, findet hier eine moderne Einführung in die Psychologie des Lernens. Anhand von 20 Szenarien aus dem Alltag zeigt der Autor, unter welchen Bedingungen tatsächlich Verhaltensänderungen erlernt oder neue Wissensstrukturen erworben werden können – sei es beim Jonglieren oder Aufräumen, der Impulskontrolle oder beim Umgang mit Examensängsten.

Erhältlich im Buchhandel oder über
www.verlag-hanshuber.com

2011. Etwa 240 S., mit Cartoons
von Donat Bräm, Kt
etwa € 19.95 / CHF 28.50
ISBN 978-3-456-84981-2

Verstehen Sie besser, was Sie und andere Menschen wirklich bewegt!

Von Kindesbeinen an werden wir von verschiedensten inneren und äußeren Faktoren beeinflusst und angetrieben. Oft ist uns dabei nicht klar, was uns und unsere Familie wirklich bewegt. Aber nur wenn wir erkennen, was sich in unserem Inneren abspielt, können wir Entwicklungen bei uns und bei unseren Kindern tatsächlich beeinflussen und fördern.
Der Anhang enthält zur Vertiefung und Reflexion die Beschreibung von 28 Lebensstiltypen, ein persönliches Entwicklungspanorama sowie einen Entwicklungsfragebogen.

Erhältlich im Buchhandel oder über
www.verlag-hanshuber.com